注意ワード・ポイントを押さえれば

文章は簡単に直せる!!

執筆
推敲
リライト
校閲
……

これ1冊で解決

未来交創代表／朝日新聞元校閲センター長
前田安正 Yasumasa Maeda 著

東京堂出版

はじめに

　文章を書くのは難しい。しかし、文章を直すのはもっと難しい。

　文章を書くときには５Ｗ１Ｈとか起承転結といった、フォーマットのようなものが何となく用意されています。文は短い方がいい、などという指摘も助けになります。

　ところが「５Ｗ１Ｈや起承転結が整っていない」「文が短くなっていない」ときにどう直せばいいのか、という指針のようなものが見当たらないのです。

　書店のビジネスコーナーを覗けば、文章作法の本がたくさん並んでいます。僕自身も何冊か書いています。ところが、文章をどう直せばいいのかという本は、まずありません。

　これまでに多くの企業・自治体の広報のコンサルタントや研修で、おもに文章の書き方をお話ししてきました。その際「預かった文章をどう直せばいいのかがわからない」「上司から文章を直されたが、その根拠がわからない」という質問をたくさん頂戴しました。

　僕は長年、新聞社の校閲部門に籍を置きながら、ことばに関するコラム・エッセイを毎週１本、十数年書いてきました。紙面編集部門も経験しました。ですから文章については、筆者、編集、校閲の立場で向き合ってきました。そこでわかったことは、それぞれの立場によって、読み方が異なるということです。

　自分の書いた原稿は、自分では校閲できません。それは原稿に対する視点が違うからです。

　一口に「文章を直す」と言っても、筆者、編集、校閲、それぞれの立場によって、「文章を直す」定義が異なるようにも思えます。直す基準がありそうでないというのが、実感でした。

ところが、文章コンサルタントという仕事を始めて、わかりにくい文章には、ポイントになることばが埋め込まれていることに気付いたのです。

　文章を直す方法は、人によってさまざまかもしれません。しかし、ポイントになることばを意識すれば「文章を直すことはさほど難しいことではない」「直す根拠も明確になる」ということがわかってきたのです。少なくとも文章を簡潔にすることはできます。

　企業や組織などがSNSで炎上する理由にも、やはり見過ごしているポイントがあることがわかりました。

　本書はポイントになることばや、意識すべきポイントを中心に、文章を直す方法を考えていきます。「文章を直す」ことは「文章を書く」ことにも通ずることがご理解いただけると思います。

　文章はまず筆者が書いて、それを推敲します。それを編集者が読んで不自然なところを修正し、全体の流れを整えます。校閲者は用字用語や内容の確認をとります。本書は企業、個人にかかわらず、こうした文章にかかわるすべての皆さんに役立つよう構成しました。

　第1章　「伝えるとは何か」では、情報とメディアという観点から「ことばを情報にする」意味を考えていきます。これからは、自らがメディアとなって情報を発信する時代です。「集団における個を意識する」という考えは、本書を貫く大きな柱の一つです。

　第2章　「改めて5W1Hを考える」では、5W1Hを使ってことばを情報にしていくアプローチを見ていきます。文章を書くときに5W1Hは必要ない、それでは文章は書けない。そうした意見があることも承知しています。それですべてが書けるわけでもありません。しかし一方で、僕たちは5W1Hの使い方をよく知らないということも言えるのではではないでしょうか。独自の考え方で5W1Hを分解していきます。

第3章　「新聞記事の変遷から文章を考える」では、明治10年前後に生まれた新聞記事が、時代とともにどう変化しているのかを参考に、いまの時代に求められている文章を考えます。約140年の歴史を持つ新聞は、人が入れ替わりながらも時代に応じた記事の書き方を模索してきました。そこに文章を書くノウハウがあるはずです。しかし必ずしもそれが体系化されているとは言えません。かつて新聞は生活言語として、文章のお手本になっていました。ところが、新聞を読む機会が減り、お手本を失っているとも言えます。わかりやすい文章について、新聞記事の書き方から考えます。

第4章　「文の構造を考える」では、文章の基本となる「文」について考えます。まず「文章」の土台をしっかりつくることが重要だからです。そのために、わかりやすい「文」とはどういうものなのかをたった二つの「文構造のルール」をもとに、考えていきます。さらに「注意ワード」に注目して、わかりやすい文をつくる方法をお伝えします。文の書き方がわかると、表現力も増すことを実感していただきたいと思います。

第5章　「文章の構造を考える」では、第4章を受けて「文章構造のルール」を四つあげました。「骨・肉・脈」をキーワードに、簡潔な文章の書き方を考えていきます。それぞれに「注意ポイント」を示して分析します。わかりやすい文をもとに説得力のある文章をつくる方法を紹介します。

第6章　「筆者、デスク・編集、校閲の視点から見た文章」では、実際に僕が新聞に書いたエッセイをもとに、筆者、編集者、校閲それぞれの視点の違いを見ていきます。筆者が文章を書かなくては、何も始まりません。思うように原稿が書き進められない様子や隘路（あいろ）に入ったときの文章、そこから抜け出した状況などを時系列に沿ってお見せします。仕上げた原稿を編集者（ここでは出稿責任者・デ

スク）がどういう確認を迫るのか、校閲が何を指摘するのか。こうした原稿の流れを追体験できるようにしました。

第7章　「文章を点検する際のポイント」では、普段何げなく使っていることばに焦点を当てて考えていきます。かつて、書きことばと話しことばの違いがなくなってきていることを批判した時代があります。明治時代の「言文一致」をもじって「言文一緒」などと揶揄されたことがあります。いまは、SNSなどで交わされるチャット（おしゃべり）が、これまでの話しことばとは異なるコミュニケーションを担っています。「チャットことば」とも言える新しい言語分野が、書きことばに与える影響を見ていきます。

第8章　「校閲七つの教訓」では、新聞校閲をもとに注意すべきポイントを七つあげて説明しました。間違いのほとんどは、数字と固有名詞です。ここをどう押さえていくか、について見ていきます。

第9章　「気をつけるべき表現 その考え方」では、ジェンダーや不快用語を取り上げます。言い換えや使用禁止用語ではなく、現代の社会背景などを理解し、「無意識の固定観念」から脱却する考え方を探ります。企業がSNSで炎上する理由も、組織と個のありようを理解することから始まります。

　この一冊で、筆者、編集者、校閲者それぞれの視点と、文章を書いて直すポイントがつかめることと思います。さあ、ページを開いてください。

文章コンサルティングファーム未來交創代表
朝日新聞元校閲センター長

前田安正

注意ワード・ポイントを押さえれば
文章は簡単に直せる!!

CONTENTS

第6章 筆者、デスク・編集、校閲の
　　視点から見た文章 ……………… 127

第7章 文章を点検する際のポイント

149

第8章 校閲七つの教訓 ……………………… 211

第9章 気をつけるべき表現 その考え方

「協力」ということばの複雑性／固定観念からの脱却／多様性の持つ意味／ニワトリは鳥ではない？／○は○か、△は△かを疑う／女性専用車両に見るジェンダー意識の変化／「障害者」表記の変更について／個の存在を意識する／カタカナの抽象性／業界用語の使い方／誰に向けて発信するのか

第 **1** 章

伝えるとは何か
──情報とメディア

ことばを紡いで文章にするということは、何かを伝えたいという意思が働いているはずです。では、「なぜ、何かを伝えたい」と思うのでしょうか。

　別に、大上段に構えて文章論を展開しようとか文章哲学を話そうなどというわけではありません。僕自身、ことばに関する連載や特集記事をはじめ、毎週1本のコラムやエッセイを十数年、新聞に書いてきました。600字ほどのコラムを書くために、テーマを見つけて取材対象者を探し、取材の約束を取りつけ、会って話を聞き、それをもとにコラムに仕立てます。ストックを持つほどの余裕はありませんでした。テーマが見つからなかったり取材日程が合わなかったりして、書けないかもしれない、と思ったこともあります。

　校閲という部署にいて自由なテーマで連載コラムを何年も書くなどということは、まずありません。ですから、僕は出稿記者のように地方取材の経験もないし、デスクや先輩記者に記事の書き方を教わったり直してもらったりする経験もほとんどありませんでした。

　「なぜ、何かを伝えたいと思うのか」という冒頭の問いかけは、僕自身がずっと思っていたことなのです。そこで、僕自身が文

章にかかわった経緯をお話ししたいと思います。

　2000年ころに漢字・日本語ブームが日本を席巻しました。新聞にも漢字の成り立ち（字源）についてのコラム載せる企画が出ました。その担当デスクから、「漢字やことばのことなら、校閲が専門でしょ」と連載の話を持ちかけられたのです。字源については定説のないものも多く、『字統』『字訓』『字通』などを著した白川静博士の字源説にさえ、疑義を持たれる部分もあるのです。研究が進んでいるとはいえ、誰も漢字が生まれた現場を見ていないのですから、それは当然なのです。しかし、漢字の研究者でもない僕たちの手に負えるわけがありません。そこで、大学の先生や漢和辞典の編集者などに声をかけて、原稿の依頼をしたのですが、みなさんタイミングが合わず途方にくれていたのです。

　そんなときに、担当デスクから「タイトルと箱（コラムを書くスペース）が決まったから、取りあえずダミー原稿を書いてよ」と言われ、後戻りができない状況になってしまったのです。崖っぷちに立たされて書いたのが、「咲」の字源についてでした。花にまつわる漢字なのに、なぜ口偏なのか、という話を落語風のやり取りとオチをつけた1本に仕立てました。

　ダミー原稿がそのまま「漢字んな話」というタイトルのコラム第1回に採用され、連載が始まりました。結局4年続き、その後もタイトルを変えて3年、計7年のロングランコラムになったのです。執筆は僕と、一部を若手記者が担当しました。「連載の執筆は難しいが監修なら」と、漢和辞典編集者や大学の漢

字学者の協力を得ることができました。僕たちが書いた原稿について、解釈に間違いがないかを監修者に確認してもらい、ときには最新の研究資料などを提供していただいたのです。

当時、僕には漢字の素養は、ほとんどありませんでした。アウトプットするためのインプットを繰り返し、とにかく何冊もの辞書を読み込み、漢字・字源にまつわる本や論文、中国の古典などを手当り次第、読んでいきました。次第に辞書独特の書き方やその解釈について、理解できるようになりました。

そのときに監修者から言われた「辞書を批判的に読むように」というアドバイスは、いまも役に立っています。

「批判的に読む」ということは、何でも否定するということでありません。書かれている内容について「本当にそうなのだろうか」と、そのエビデンスを探し、他の見解がないかどうかを確認することなのです。これは、文や文章を書くときだけでなく、直すときにも非常に役立つ視点です。

新聞の購読者は減ってきたとはいえ、いまでも数百万部が発行されています。調べて、取材をしてコラムを書くこと自体は面白いのですが、「誰のために書いているのか」「何を伝えようとしているのか」。そもそも「伝えるべきものが僕自身のなかにあるのか」という自問が渦巻いてくるのです。数百万という読者の誰をターゲットにして、何を伝えようとしているのか、コラムが何がしかの価値観・意味を持つものなのか、その答えが見つからないまま書き進めていたのです。

ところが、半年ほど経ったときに読者の方から「ご隠居と咲ちゃん、熊さんの掛け合いで進む漢字の話、面白いです。毎週

楽しみにしています。記者さんは漢字が好きなんでしょうね」という内容のはがきを頂戴しました。

　少しホッとしました。記事を読んで面白いと思っても、それをはがきやメールで伝えてくる読者はそう多くありません。感想を書くのは、かなりのエネルギーが必要だからです。その1枚のはがきは、僕に書く勇気を与えてくれました。

　これをきっかけに、常用漢字の改定に絡む連載や特集記事を書いたり、ことばについてのコラムや、戦後の流行語にまつわるエッセイを書いたりするようになったのです。

　「なぜ、何かを伝えたいと思うのか」。作家のように内発的な力が大きければ、その答えは比較的容易に用意できるかもしれません。しかし、社内人事で突然、広報に異動となり経験がないまま文章を書いたり編集したりしなければならない方もいるはずです。

　僕の例をあげたように「書く」という命題が先にあって、「何を伝えるのか、なぜ伝えなくてはならないのか」について、理解が追いつかないまま仕事をしている人は、案外多いのではないでしょうか。それが冒頭の問いかけとなったのです。

　まえがきにも書いたように、本書は文章を書いたり、編集したり、校閲したりするなど文章にかかわる方が、書いたり直したりするときに役立つ内容にしたいと思っています。そのため、まず、文章を書いて伝えるという意味を確認したいと考えました。

　文や文章を直す意味を理解しないと直すことに満足し、その作業自体が目的化してしまうのではないか、という思いがある

のです。校閲を例にとると、やたらと句読点が気になってしまう人や、文章の添削をしてしまう人がいます。この方が読みやすい、わかりやすいという個人の考えが先行してしまうタイプです。しかし、なぜ句読点の位置を変えなくてはならないのか、なぜ読みやすくなるのかといった「科学的な説明」ができない場合が多いのです。「私なら、こう書く」という曖昧な理由や個人の趣味・趣向で指摘されても、それを受け取った編集者や筆者は納得しないでしょう。

　校了して筆者の手を離れた原稿に、編集者が筆者に無断で修正を加えて、前後の文意が通らなくなったという例もあります。また、筆者が表現に苦心するあまり、何度も書き換えていくうちに全体の趣旨がずれ、構成が崩れてしまうこともあります。

　これらはいずれも「ことばを使って人に伝える」という、書き手（作り手）側の論理で文や文章を直しているのです。これを「人に伝わることばにする」という、読み手側の視点にすることで、直し方も変わるはずです。

　前述したように、読者から頂いたはがきはもちろん嬉しいのですが、それ以上に、書いたことが伝わったという思いが実感でき、「少しホッとした」のです。さらに、読者がはがきを書くという行動に結びついたことが、感謝を通り越しての驚きでした。

　数百万という読者の誰に向けて書けばいいのか、対象が見えないままの僕に、はがきを送ってくれた方のお陰で、ようやく「読者」が見えてきたのです。

　僕は長年、新聞というマスメディアに身を置いてきたので、「マスメディア」「マスコミ」「情報」といったことばは、ごく身近なものでした。しかしその割には、あまり深く考えたことがありませんでした。「働いている仕事のカテゴリーがマスコミであり、その媒体としての新聞がメディアであり、新聞に載る記事が情報である」という程度の意識しか持っていませんでした。それでも新聞制作の現場にいると、「メディア」「マスコミ」「情報」などということばの解釈より、実際の仕事を通してそうしたことばの意味を体感していたのだと思います。

　あるとき、会社に勤めながら事業構想大学院大学という、ビジネス系の大学院に通いました。そこで社会学の授業を取りました。担当の上野征洋先生から「情報はヒト・モノ・コトを変化させる記号、あるいはその集合だ」という講義を受けました。それまでマスコミの現場で働きながら、いま一つ漠然としていた「メディア」「マスコミ」「情報」について、整理することができました。

　特に「情報」「メディア」の考え方がわかると、文や文章を書いたり直したりする意味も理解しやすくなったのです。そして、読者から頂いたはがきを読んで「ホッとした」理由も、はがきを送ってくれた「行動」についても、腑に落ちたのです。

　そこで、少し遠回りになるかもしれませんが、「情報」と「メディア」を通して、文や文章がどう機能していくのかを見ていきたいと思うのです。

状況のみの文

次の標語を見てください。

例1

地震が来たら火を消そう

みなさんは、地震が来たときにどのタイミングで火を消しにいきますか？

①地震が来たときにすぐ消す。
②いったん揺れが収まってから消しにいく。

これを大学の講座や社会人の研修などで聞くと、①と②で答えが分かれるのです。この標語は、1923年9月1日に起きた関東大震災を機に広まったとされています。発生時間が午前11時58分、ちょうど昼ごはんの支度中に起こったため、地震に加え火災の被害も重なったのです。

正解は②です。まず地震から身を守るのが第一です。いったん揺れが収まってから火を消すというのが現代の常識です。当時は木造住宅で、かまどで火をおこしたり七輪を使ったりしていたことが多かったので、素早く火を消すことが重要でした。

いまは、揺れを感知して自動的に火を消したり、電気やガスを止めたりする感震機能がついた機器が増えているので、慌てて火を消しにいく必要はありません。こうしたことは、消火訓練などの講習を受けると理解できるのですが、**例1**のような標

語が独り歩きして①のような解釈を導く場合もあるのです。

例2

　　手をあげて、横断歩道をわたろうよ

　これも交通安全の標語です。当然、赤信号のときは渡っては
いけないという前提があります。しかし、この前提を知らない
子どもには、標語の趣旨は伝わりません。

　揚げ足取りの感はあるかもしれません。また**例1**と**例2**は標
語なので、それですべてを言い尽くせないこともわかります。
しかし、前提とすることを知らないと、人の行動にばらつきが
生まれることは確かです。安全へ導くための標語の趣旨が、読
み手に伝わらないという点は押さえておきたいと思うのです。

　こうした例は、家庭内の会話や友達同士のSNSのやり取り
でもよく見られます。

例3

　　「あれ、仕舞った？」
　　「ああ、あれならさっき、冷蔵庫に入れといたよ」

例4

　　「この授業、ネムみはんぱないんだけど」
　　「それな。草」

　例3などは、両親の会話でよく耳にしました。「あれ」が二

人にはわかっているのです。でも、他の人にはわかりません。

例4も「ネムみ」「はんぱない」「それな」「草」という若者のなかで流行っていることばを知らないいと、理解できません。

「ネムみ」は、「面白み」「厚み」などのように形容詞や形容動詞の語幹について名詞をつくる接尾語「み」が、「眠い」という動詞についたもの。これによって少し眠さを婉曲に表現したり、眠さが授業からくるという外部要因であることを付け加えたりする作用があるようです。

「はんぱない」も「半端ではない」の省略形で「とても、すごい」という意味です。「ネムみはんぱない」は「すごく眠い」ということを、やや婉曲に表現しているのです。

「それな」は「そうだね」という同意を短く表現したものです。「草」は、「笑」のローマ字表記「warai」から「笑」を「w」と表記し、さらにそれを重ねた「www」がネット上で使われるようになりました。その形が「草」に見えるからという何とも遠回りした表現なのです。

これも高校生を中心とした流行語の類いなので、寿命の長いことばとして定着するかどうかはわかりません。

例1〜4は、標語や会話・チャットなので、いわゆる文や文章とは異なります。しかし、この四つに共通しているのは、

閉じられたコミュニケーションのなかで、共有されたモノ・コトが前提になっている

ということです。

　例1であれば、地震の講習会などで学んだ人が、取り得る初期行動を前提としています。例2は、信号の役割と横断歩道を渡るという交通安全を学習したことが前提となっています。例3は、家族の会話のなかで「あれ」の存在がわかっているから成り立つものです。例4の場合は、若者同士で使っている流行語の意味を互いに理解していることが前提です。

　そしてもう一つ、四つの例に共通していることがあります。それは、

状況の説明のみで書かれている

ということです。「火を消そう」「手をあげて横断歩道をわたろう」「あれ入れといた」「ネムみはんぱない」という状況のみの説明で終わっているのです。そこには「なぜなのか」「それでどうなる」などの具体的な説明はないのです。

　何度も言いますが、四つの例は標語と会話・チャットです。いわゆる文や文章とは異なります。しかし、相手に何かを伝えようとする意思は共通しているはずです。

　にもかかわらず、このままでは第三者には正確に伝わりません。会話やチャットは、はなから第三者を意識していないパーソナルコミュニケーションとも言えます。しかし、SNSを利用する影響か、直感的なことばを使うことに慣れて、第三者に伝えるべきことばが、会話やチャットに使われるものと同じようになっている場合が増えているように感じます。第三者に伝わるようにするには、「閉じられたコミュニケーション」から、第三者にも伝わる「開かれたコミュニケーション」手段として、

過不足のない文や文章にするということです。それには、状況のみの文や文章で通じていたものを、開かれたコミュニケーションに対応させることが必要になります。

　ここで、重要なのが「ことばを情報にする」ということです。例3、例4のような通常の会話やチャットのなかで、情報という意識を強く持つ必要はないと思います。だた、それを第三者に伝えることばにする場合には、「情報にする」という意識を持つべきだと思うのです。

　「情報」ということばを専門書などで調べると、恐らくいくつかの定義や、さまざまな論が出てくることでしょう。ここでは、前述した大学院時代の講義をもとに、私見も交えて考えていきたいと思います。

情報は、ヒト・モノ・コトを変化させる記号、またはその集合体

として捉えるとわかりやすいと思います。

　ヒトは文字通りわれわれ人間です。情報は、人の意識・判断・行動に影響を与え、変化を促します。生体系の情報＝遺伝子もここに含まれると考えていいと思います。身近な例で言えば、天気予報がそうです。予報によって、計画を変更したり雨具を用意したり、避難したりという変化を僕たちに促します。

　モノは社会に存在する多様な道具で、システムや構造、それ

を構成する要素を指します。2020年からの新型コロナ禍によって、オンラインのプラットフォームがあっという間に一般化し、システムに変化が起きました。在宅勤務が広がり地方への移住も進むなど、僕たちの生活様式にも動きが出ました。

　コトは、人間の生活様式から生まれた伝統や文化、教育の類いです。時代に応じて教育の有り様は変わってきました。戦前と戦後の教育は異なります。現代も新しい要素が教育に加わって、僕たちの生活に変化をもたらしています。
　ヒト、モノ、コトを含め、それを生み出す人・社会が意識・判断・行動の変化をもたらすもの全般を情報と考えることができます。

　先ほどの**例1**と**例2**は、防災、交通安全のために、人の意識・判断・行動に影響を与える標語です。しかし、あのままでは、意識・判断・行動にばらつきが出てきます。つまり、防災、交通安全の情報としては不完全だと言えるのです。
　僕たちは、情報を積極的に求める種類の生き物かもしれません。何らかの課題解決が必要になったときに、本を読んでヒントを得ようとしたり、セミナーに通ったりします。

　ネット社会になって、僕たちは情報を切り離すことはほぼ不可能です。それほど、情報というものに囲まれて生活しているのです。ただ、それが意識・判断・行動に変化を与え得る情報なのかどうかは、甚だ疑問に思うこともあるのです。
　そして情報の多くは、ことばを介してやり取りされます。本

書をお読みの皆さんも、ことばと無縁ではないはずです。もちろん、ことばには、表情・動作・接触などによるノンバーバル（非言語）なやり取りもあります。

　生まれて間もない赤ちゃんが泣けば、「お腹が空いた」「おむつを取り替えてほしい」など、親は泣き声をことばに変換して理解しようとするでしょう。

　スポーツなどでしばしば使われるアイコンタクトは、選手がお互い、何をするつもりなのか、それに対応してどう動けばいいのかを瞬時に理解するサインです。一見、ここにはことばが介在しないように思えます。しかし、それまでの練習や選手同士の関係を通して、経験値を生かしたことばとして瞬時に理解されるものです。手話も一つの言語表現としてのことばを持っています。ノンバーバルなこれらのことばにも、意識・行動・判断を変化させる「情報」としての要素が含まれています。

　ことばを発信する側は、それが情報となるようにしなくてはなりません。**例1〜例4**にあげたような状況のみの文や文章を
　　　「開かれたコミュケーション手段として、過不足のない文
　　　章にする」
ことに他なりません。それは第三者との意思疎通を図るということでもあるのです。

メディアの特性

　そして、もう一つ押さえておきたいのが「メディア」という概念です。

　僕は、これからの時代は「自らがメディアになるべきだ」と

思っています。マスメディアなどと聞くと、メディアがとても特別な感じがするかもしれません。しかし、いまは Facebook や Twitter、YouTube、Instagram など、さまざまなプラットフォームを使って、自由に発信できる時代です。個人が不特定多数にアクセスできるようになったとも言えます。

　ところが僕たちは、こうしたプラットフォームをメディアだと意識して利用しているわけではありません。どちらかというと鉛筆やペンなどの筆記具に近いイメージで使っています。

　「media（メディア）」は「中間」「中位」という意味の英語「medium」の複数形です。メディアは、発信側と受信側の間にあるもの、つまり媒体という意味です。これまでは特に新聞・テレビ・ラジオなどの情報媒体を指していました。

　これらのメディアには主に三つの役割があります。

　　①情報を集めること
　　②情報を発信すること
　　③情報を保存・蓄積すること

です。メディアを通すことで、同時に多くの人に同じ内容の情報を届けることができるようになったのです。

　1517年の宗教改革を支えた一つに活版印刷があると言われています。それまで、ラテン語で書かれた聖書は手で引き写したもので、宗教関係者やごく一部の知識人にしか読むことはできない特別のものでした。それをドイツの神学者マルティン・ルターが、ドイツ語に翻訳し印刷することによって、聖書を一般市民に普及させることができたという話は、世界史などでも習

ったことと思います。聖書が印刷メディアとなったのです。宗教改革は情報改革でもありました。

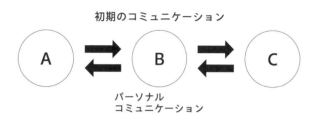

初期のコミュニケーション

パーソナル
コミュニケーション

　もともと、情報のやり取りは話しことばによる1対1のパーソナルコミュニケーションが基本でした。声の届く範囲の少数に向けて発信されたものです。情報は、いわゆる口コミで広がったのです。しかし、話しことばは保存できません。伝言ゲームのように、次第に情報は歪められてしまいます。やがて、文字と紙などの書写材料、筆などの書写用具を持つことによって、情報を外に持ち出せるようになりました。それが先に書いたように印刷技術の発明で、均質の内容を大量に生産できるようになったのです。

　そして、科学技術の発達とともに、僕たちは長らく新聞・ラジオ・テレビというメディアを通して情報を享受するようになりました。

メディア＝間にあるもの

一方向の記号の乗り物

A →　メディア媒体　点検確認部門 →→→ B

情報を発信する側　　新聞、ラジオ、テレビ　　情報を受け取る側
　　　　　　　　　マスコミュニケーション

A⇒複数のBへ　同じ情報を伝えられる

　新聞は活字、ラジオは音声、テレビは視覚・音声をそれぞれ
利用した媒体として情報を伝えたのです。広告や商品そのもの
がメディアとなるケースも出てきました。いずれにせよそれは、
情報を発信する側（A）から受け取る側（B）に向けて、一方向
の流れでした。一方の情報を載せる記号の乗り物としてメディ
アは機能してきました。ラジオは、はがきを通して一部、双方
向としての役割も担いましたが、電波とはがきという別媒体を
通してのやり取りです。

メディア＝間にあるもの

双方向の記号の乗り物

A ⇄　メディア媒体　⇄ B

情報を発信する側　　SNS
　　　　　　　　　LINE、YouTube、
　　　　　　　　　Facebook、Twitter　　情報を受信する側

　ところが、インターネットが普及するとSNS（ソーシャル・
ネットワーキング・サービス）が、メディアとしての働きを担う
ようになりました。媒体を独占してきた新聞・ラジオ・テレビ

とは別の流れを生んだのです。これにより、情報を発信する側が個人にも広がり、情報を発信する側と受信する側がAからBへの一方向だけではなく、双方向の流れを可能にしました。それは個人が自由に発信することができると同時に、それに対する反論を含めた意見も受信するようになったのです。

　さらに、いまはSNSのプラットフォームを利用しているという意識をせずに、手軽に発信できるようなりました。つまり、自分自身がメディアになる時代がきたとも言えるのです。

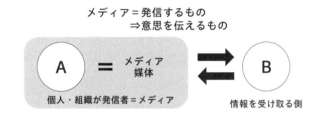

メディア＝発信するもの
⇒意思を伝えるもの

A ＝ メディア 媒体

個人・組織が発信者＝メディア

B

情報を受け取る側

　これは、大変重要な変化です。これからは企業という組織のなかにあっても、「個」を生かす仕事のあり方にシフトしていくはずです。組織も生き残り戦略としてセレンディピティー（新しいものを発見する能力）を求める時代にきています。ますますパラレルワーク（副業）も進むでしょう。そのときに、自らの意見・考えをしっかり伝えて周りを巻き込んでいくことが有用になります。就職活動においても自らの意見をしっかり企業側に理解してもらう必要があると思うのです。

　つまり、これからは個人の発信力が重要になってくると感じるのです。そのときに、発信したものが人の意識・行動・判断を変化させる「情報」となり得るかが問題となります。

　新聞・ラジオ・テレビなどのメディアは、情報の正確さや客観性、人権への配慮などを確認・検証する部署を持って、情報の精度を担保しています。時代の変化を見ながら、いわゆる正しいことばの使い方についても、検証する部署を置いています。

　ところが、個人がメディアとなるときに、何を根拠にそれが正しい情報と言えるのかという客観的な検証をどう担保するのかが、大きな課題となっているのです。暴力的なことばによって、人の命を奪うこともあります。「炎上」ということばが、さも人気のバロメーターのように使われることに危うさを感じます。

　これは個人だけではなく、一般の企業においても Twitter での発言がもとになって炎上し、企画を終わらせなくてはならなかったり、そのアカウントを閉じたりする問題にも発展しています。企業イメージも大きく損ねることになります。発信することが自由に、かつ身近になったメリットを得た代わりに、それを受信する側の心情や立場などに、いままで以上の配慮が求められるようになっているのです。

　僕は「自らがメディアになって、自らをプレゼンする」ことは、これからの社会にとって、とても重要なテーマになると考えています。世界はネットで瞬時につながる時代です。真のボーダレス社会を実現するためにも、発信力を高めることは重要です。そのためにも、自ら発信する「情報」について、しっかり責任を取る必要があると思っているのです。

自分に引き付けて書くって？

　新聞記事の書き方を見てみると、

A 教授はこう語る「〜」。
「〜」と、B 氏は警鐘を鳴らす。

　という形で記事の最後を締めくくるパターンが多いことに気付きます。記事の書き方の常套です。取材をして書くため、当然の書き方かもしれません。記事の内容や取材の意図にもよりますが、自らの意見を書く代わりに専門家の意見をまとめに使う方が、説得力があり収まりがいいのです。むしろ、それが新聞の書き方だとどこかで擦り込まれているのかもしれません。どことなく客観的に思えるからです。しかし、見方を変えれば、言いたいことを代弁させているとも言えるのです。

　「〜と見られる」「〜が求められる」という受け身の形で締めくくることも多いのです。受け身を使うことで、客観性を担保しているとも言えるのですが、どことなく他人事のように感じるし、少し高いところから語っているような感じも否めません。

　大学で非常勤講師をしていたときに「観念的な話にせず、自分の体験に引き付けてレポートを書くように」と、学生に伝えると、

　「自分の体験に引き付けて書くと、文章が幼くなる。エピソードも語彙も少ない自分には難しい」

と言うのです。

　実は、これは大いなる誤解です。あなたの人生はあなたしか経験していないのです。「楽しい」という思いも、人それぞれ異なります。あなたが楽しいと思うことと、他の人が楽しいと思うことは違います。

　友達と同じ映画を観ても、面白いと思うポイントがあなたと友達で異なるはずです。

　ものの見方、考え方が違うから、面白いのです。違うからこそ、それを伝える意味があるのです。

　それを自分のことばで伝えることが重要です。AI（人工知能）のChatGPTは、素早く文章をつくってくれるかもしれません。しかし、あなたの体験や感動、想いをChatGPTが知っているわけではないのです。だから自らの体験に引き付けて文章を書くことに、臆病である必要はないのです。

　表現は自らのことばでしか成り立ちません。それは、自分自身を見つめ直すことにもなるし、文章を読んだ人の反応・感想は、自分以外の考えを知る手立てにもなります。書くことは伝えることです。「伝える」以上は「伝わることば」にしなくてはなりません。そのためには、使い慣れたことばで書くべきなのです。そして、「〜と見られる」といった他人事のような書き方をしないで、堂々と自分の意見を言い切ればいいのです。

　文章は、想いを伝える道具です。道具を使いこなすには、それなりの時間が掛かります。しかし、まずは「想い」です。これは、あなたにしか表現できないのです。

　どんなことでも、書いたものはあなたが「知り得たこと」であり、人との「違い」であるはずなのです。難しいことばも背伸びをした表現も必要ありません。あなたの持っていることばを紡いでいけばいいのですから。

第 **2** 章

改めて5W1Hを考える

前章で書いたように、ことばを情報に変えて伝わる文や文章にする、というのが本書の趣旨です。閉じられたコミュニケーションから、開かれたコミュニケーション手段として過不足のない文や文章をつくることを目指そうと思うのです。

　本書では「文や文章」という書き方をしてきました。これは文と文章を分けて考えようという意図があるからです。通常は文章のことを文ということもあるので、文と文章をそれほど厳密に捉える必要はありません。しかし、ここでは便宜上、文と文章を分けてお話ししたいと思います。文について十全な定義はないと言われていますが、大まかな定義を記しておきます。

　　文：文法学上の基本単位。ひとつのまとまった内容を表す。
　　　　末尾に「だ」「ます」などの活用語の終止形や「ね」「か
　　　　しら」などの終助詞がつく。一般的に書きことばでは
　　　　句点「。」などで終わる。
　　文章：一つ以上の文が連なった言語作品。

　ということです。つまり文は文章を書くうえでの最小単位とも言えます。また、言語作品というのは、まとまった内容が綴られたものと理解すればいいと思います。

　これから先の説明で、「文」と「文章」ということばが出てきたら、こうした定義に基づいていると考えてください。

　第三者に伝わる文・文章をどう書き、どう直すのかという視点を、５Ｗ１Ｈを基にお話ししたいと思います。「５Ｗ１Ｈは、文章を書くときの要素だ」などと、よく言われます。このなか

の「H」は「HOW＝どのように」だということは、比較的わかりやすいかもしれません。ところが研修などで「５Ｗ１Ｈ」の「５Ｗ」を尋ねると、

　　「いつ、誰が、どこで、何を、どうした」
という答えが、結構な割合で出てくるのです。

５Ｗ１Ｈの５Ｗって何？

　「いつ、誰が、どこで、何を、どうした」を英語にすると、

　いつ＝ WHEN
　誰が＝ WHO
　どこで＝ WHERE
　何を＝ WHAT
　どうした＝ DO／DID

となります。「どうした」は５Ｗの要素には入っていません。
　言うなればこの要素は、４Ｗ１Ｄということです。しかし、「いつ、誰が、どこで、何を、どうした」が口をついて出てくるのには、理由があるのです。それは、これで文が書けてしまうからなのです。たとえば、

例1

　きのう僕は動物園でライオンを見ました。

この文の要素を見てみると、

きのう＝いつ・WHEN

僕は＝誰が（は）・WHO

動物園で＝どこで・WHERE

ライオンを＝何を・WHAT

見ました＝どうした・DO／DID

　こんな具合に、簡単な文が書けてしまうのです。これを僕は４Ｗ１Ｄの文と呼んでいます。取りあえず文が書けているので、これを５Ｗ１Ｈの５Ｗだと勘違いしているのです。小学校低学年の児童にありがちな文でもあります。

例2

　きょうは、おとうさんとおかあさんといもうとの３人で花火をしました。

　絵日記などでよく見かけるパターンです。こうした書き方は、子どもだけの特徴ではありません。大人を対象としたエッセイ教室でも、

例3

　先週、古くからの友人３人と箱根に行きました。登山鉄道で強羅へ。そこからケーブルカーとロープウェイに乗って桃源台に行きました。ロープウェイから見た富士山がとてもきれいでした。芦ノ湖で遊覧船に乗りました。湖を滑るように進んで、湖面がキラキラ輝いていました。

といった類いの文章をよく見かけるのです。多少、描写が詳しくなっていますが、基本的に４Ｗ１Ｄのパターンです。出かけた場所を時系列に並べて書くのですが、その次の展開が書けないのです。大人が書く800字の文章であっても、大まかに仕分けると、子どもと同様の書き方になっていることが多いのです。そして、ここから先の展開に困って「いい一日でした」とか「よかったです」「楽しかったです」というように、漠然とした感想を結びのことばにするのです。これが４Ｗ１Ｄでできた文の特徴とも言えます。

　５Ｗ１Ｈについて、ジャーナリストの扇谷正造が『現代ジャーナリズム入門』のなかで、「一つの出来事について、無数の事実の断片が集められるが、それは、大雑把にいって、５Ｗ１Ｈに要約される。（中略）これはある学者によるとニュースの文法ということになる」と書いています。

　また５Ｗ１Ｈの出典について、「キップリングの詩の中に『私は六人の賢い奉仕者を持っている。それは５Ｗ１Ｈである』というのがある。原典はそれである」と記しています。（角川文庫『増補改訂　現代ジャーナリズム入門』 *p.*114）

　これは、英国で初めてノーベル文学賞を取ったラドヤード・キプリング（1865〜1936）の『*Just So Stories for Little Children*』の「The Elephant's Child」を指しています。

　日本では『ゾウの鼻が長いわけ　キプリングのなぜなぜ話』（藤松玲子訳・岩波少年文庫）の「ゾウの鼻が長いわけ」（*p.*92）にある詩のなかに、賢い６人を確認することができます。

ぼくにつかえる　六人の　しっかり者の　召し使い

　（知りたいことは　なんでも教えてくれる）

　六人の名は「なに」さん、「なぜ」さん、「いつ」さんに、

　「どうやって」さんと、「どこ」さん、「だれ」さん

　ぼくは　召し使いを　つかわします、山のむこうに　海の

　むこうに

　　ぼくは　召し使いを　つかわします、東の国へ　西の国へ

　そして　仕事がおわったあとは

　　ちゃんと休ませてあげます（後略）

　ここに出てくる召し使いの「なに」さん、「なぜ」さん、「い
つ」さん、「どうやって」さん、「どこ」さん、「だれ」さんが
５Ｗ１Ｈだというのです。扇谷正造は５Ｗ１Ｈをニュース原稿
の基本要素としたのです。

　　２日午後３時ごろ、東京都〇〇町のキャンプ場で、バー
　ベキューをしていたグループから119番通報があった。20
　代の男性３人が手足にやけどを負い、救急搬送された。う
　ち１人は１カ月の重症、残り２人はいずれも軽症だった。
　　調べによると、バーベキューのコンロに食用油がまわり、
　火を消そうとした際にダウンコートなどに火がつき、やけ
　どを負ったとみられる。

　たとえばこんなニュース原稿があったとして、この要素を書
き出してみましょう。

いつ・WHEN：2日午後3時ごろ

どこで・WHERE：東京都〇〇町のキャンプ場で

誰が・WHO：20代の男性3人が

何を・WHAT：バーベキューを（して）

なぜ・WHY：火を消そうとした

どうした・DO：やけどを負って救急搬送された

　第一報（事件・事故が発生して最初の記事）なので、ここには「どうやって・HOW」の要素までは書かれていません。取材が進めば詳しい状況がわかり、HOWについても特定されることと思います。DOの要素をWHATにまとめることもできますが、ここでは分けておきます。

　5W1Hはニュース記事だけに使われる特別なものではありません。一般の文章にも応用することは可能です。

４W１DにWHYを問いかける

　実は、文章を書く際に忘れがちな「WHY＝なぜ」こそが、ことばを情報に変えていく手段として有効なのです。例1で取り上げた４W１Dの文（→ *p.*35）に、「なぜ＝WHY」を問いかけて、文章を組み立ててみようと思います。

1．きのう僕は動物園でライオンを見ました。

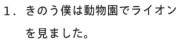

これに、「なぜ動物園に行ったのか」という WHY ＝理由を聞いてみると、

2．きのう僕は学校の遠足で動物園に行きました。真っ先にライオンを見ました。

　学校の遠足で動物園に行った理由が示され、一文が完結しました。それにより、続く文に「真っ先に」という、ライオンを見たときの様子を書き加える余裕が生まれます。

　1の文を「きのう僕は動物園で真っ先にライオンを見ました」とするのは不自然です。「動物園で見た」「真っ先に見た」という具合に、「見た」という述語に「場所」と「時間」の2種類がかかるからです。

　2の文では「学校の遠足で動物園に行ったこと」と「真っ先にライオンを見たこと」の二つの文に分割されたため、それぞれの述語に対応する修飾がシンプルになっているのです。

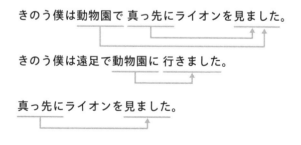

　次に「なぜライオンを見たのか」を聞いていきます。

3．きのう僕は学校の遠足で動物園に行きました。真っ先にライオンを見ました。『ジャングル大帝』という本が好きだったからです。

本の影響があったことが記されました。すると、「どうして『ジャングル大帝』という本が好きなのだろう」という疑問が出てきます。それを WHY で問いかけます。

4．きのう僕は学校の遠足で動物園に行きました。真っ先にライオンを見ました。『ジャングル大帝』という本が好きだったからです。それは6歳の誕生日に父からプレゼントされたものです。

『ジャングル大帝』は、6歳の誕生日にプレゼントされたことがきっかけで好きになったのです。次に「本を読んで、なぜライオンが好きになったのか」を重ねて聞きます。

5．きのう僕は学校の遠足で動物園に行きました。真っ先にライオンを見ました。『ジャングル大帝』という本が好きだったからです。それは6歳の誕生日に父からプレゼントされたものです。真っ白いライオンのレオが、仲間たちと協力して生きていく姿に感動しました。

本に出てくるレオという白いライオンの生き方に感動したという理由が示されました。そこで、実際に見たライオンの感想

を聞いてみます。

　　6．きのう僕は学校の遠足で動物園に行きました。真っ先
　　にライオンを見ました。『ジャングル大帝』という本
　　が好きだったからです。それは6歳の誕生日に父から
　　プレゼントされたものです。真っ白いライオンのレオ
　　が、仲間たちと協力して生きていく姿に感動しました。
　　　しかし、実際に見たライオンは白くありませんでし
　　た。しかも、木陰で寝てばかりだったので、がっかり
　　しました。

　本に描かれていたライオンと、実際に見たライオンが対比さ
れ「がっかりした」という感想が出ました。そこには「ライオ
ンは白くなかった」「木陰で寝てばかりだった」という理由が
書かれています。対象を対比させて書くと、判断や考え方、感
情の違いや落差が際立ち、内容がよりはっきりします。
　4W1Dで書かれたそっけない一つの文が、その理由＝
WHYを問いかけることによって、ひとつながりの文章に仕上
がりました。赤字で記したところが、WHYの問いかけをもと
に追加された部分です。注目してほしいのは、基本的に赤字の
部分が書き足されているだけだということです。複雑に文章を
組み替えたり、大きく書き直したりはしていません。とてもシ
ンプルに短い文をつないでいることがわかると思います。
　WHYを問いかけていくと、聞きたい内容が出てきます。内
容をより具体的に充実させるためのきっかけとなる問いかけが
WHYなのです。

WHYを問いかけると、どうしてこうしたストーリー展開が生まれてくるのか、を見ていきます。

例1の「きのう僕は動物園でライオンを見ました」は、ライオンを見たという「**状況**」だけの説明でしかありません。

ここにWHYを加えることで、「学校の遠足で」「真っ先に」という「見る」という「**行動**」をより具体的に説明することができました。さらに『ジャングル大帝』という本が「父からプレゼントされた」ことや、「レオが仲間たちと協力して生きていく姿に感動した」という内容などによって、「**ライオンを見た**」という「**行動**」を促す要因が説明されたのです。

そして、「実際に見たライオンは白くありませんでした。しかも、木陰で寝てばかりだったので、がっかりしました」という感想のなかに、期待していたものとは異なる「**変化**」を表現することができたのです。

つまり、「状況」⇨「行動」⇨「変化」を綴ったものがストーリーなのです。人はいまの状況があって、それに対して行動します。それによって変化が生まれます。その変化が新たな状況となって次の行動を生み、変化をつくります。

たとえば、英語が話せない状況にある人の例を考えます。

　▽英語が話せない＝状況

　▽この状況を打開しようと、英会話学校に通う＝行動

　▽しばらくして少し自信がついてきた＝変化／新たな状況

　▽海外旅行をしよう＝行動

　▽旅行先で話した英語が「通じた。嬉しい」＝変化

行動と変化が入り交じる部分はあると思いますが、だいたい「状況」⇨「行動」⇨「変化」の流れにそって動いていきます。英語が「通じた。嬉しい」という変化が、次のステージ（状況）を生み、新たな勉強意欲をもたらし、最終的に語学留学するといった流れになるかもしれません。

　ストーリーとは、こうした行動と変化の流れを描くことなのです。行動と変化を繰り返しながら僕たちは生活しています。だからこそ、その人の行動や変化を知りたいと思うのです。本や映画で描かれる主人公の成長する姿に感動するのも、「状況」⇨「行動」⇨「変化」が描かれているからです。ほとんどが、ある状況に悩み、そこからあることをきっかけに立ち上がり仲間が増え、主人公が変化し、新しいステージを迎えるという流れなのです。それが勝利や成功であったり、家族や友人との絆の獲得や愛情の確認であったりするのです。

WHYの問いかけによって
人の行動・意識の変化を書く

状況→行動→変化

　状況だけの説明では、それによって何がどう動いたのか、もたらされた変化や価値観などがわかりません。
　例1の場合、子どもが日頃から「ジャングル大帝のレオみた

いな白いライオンを見たい」と言うことを親がじゅうぶんわかっていれば、4W1Dの文だけで親子は理解できるかもしれません。それでも、子どもに「ライオンを見てどうだった？」とか「白いライオンはいた？」などを聞くことでしょう。

　第三者に伝わる文章を書くということは、こうした疑問を想定して、あらかじめその答えを文章のなかに用意しておくことなのです。これが、開かれたコミュニケーションに対応するための文章づくりです。

　先に取り上げた扇谷正造は、5W1Hは「実生活の文法」だとも言っています。

「考えてみると、この5W1Hぐらい、ある意味で、一般の実用文（手紙、商業文ほか）にとっても、必要にしてじゅうぶんなる原則を示しているものはない。いや実用文だけではない。われわれの生活そのものも、じつは、この5W1Hを中心に動いているのではあるまいか。とすればこれはもうわれわれが、実人生をわたるうえに杖とすべき"六人の賢者"であり"実生活の文法"ともいえるかもしれないのである」（角川文庫『増補改訂　現代ジャーナリズム入門』p.114）

　これは、文章の書き方だけではなく、プロダクトアウト（生産者思考）からマーケットイン（顧客思考）に移行したビジネスにも応用できる考え方です。商品の目新しさを語るより、なぜこの商品が生まれたのかという開発のストーリーや哲学を伝えた方が、消費者の心に響くのです。これは商品に対してWHAT、HOWを語ることよりもWHYを語ることに重きが置

かれるようになったということでもあります。求められるのは、新商品（WHAT）がどのようにつくられたか（HOW）という話ではありません。いまある課題（状況）がなぜ生まれたのか、その解決になぜこの商品が必要とされるのかについて、そのWHYや、その商品に対する哲学を語ることこそが求められるのです。５Ｗ１Ｈはまさに、「実生活の文法」です。

先に「情報はヒト・モノ・コトを変化させる記号、またはその集合体」だと書きました。標語やSNSの例をあげたように、状況だけの文は情報になりにくいのです。

人を安全に導くことばや、広報文などは、読んだ人が等しく理解できるようにしなくては、かえって安全を損ねることになりかねません。

情報は、誰が読んでも等しく理解されるものが求められるということです。つまり開かれたコミュニケーション手段として、過不足のない文章にしなくてはならないのです。先述したように、過不足のない文章とは、読み手が疑問に思うであろうことを先回りして答えを用意しておくということです。そのためにWHYを有効に使おう、ということなのです。

WHYの使い方

しかし、５Ｗ１Ｈの使い方をしっかり教わった経験がほとんどありません。ましてやWHYの使い方など、聞いたこともないのではないでしょうか。僕自身、学校で作文の授業がありましたが、書き方そのものを教わった記憶がありません。

新聞社に入っても、文章講座などを受けたことはありません
でした。オン・ザ・ジョブ・トレーニングが主流の会社なので、
デスクや先輩に原稿を直されるのを見て門前の小僧のように身
につけていくのです。基本的に文章を書くことを得意とする人
たちの集まりなので、それでよかったのかもしれません。口伝
で継承されたものを何とか言語化したいと思ってたどり着いた
方法の一つが、5W1Hの考え方、特に WHY の使い方でした。

　ところが、WHY を使おうとすると、次のような感じになっ
てしまうのです。

例4

　きのう僕は動物園でライオンを見ました。とても楽しか
ったです。なぜなら～

　4W1Dの文に「とても楽しかったです」といった類いの感
想をつけた後に、「なぜなら～」と、その理由を三つほど付け
加える書き方です。確かに5Wにはなってはいますが、これで
は状況の説明から抜け出しておらず、読み手の気持ちに訴える
ものがありません。

　こういう書き方をすると、

**　きのう僕は動物園でライオンを見ました。とても楽しか
ったです。なぜなら、ほかにもサルやゾウやキリンを見た
からです。二つ目は、クラスのみんなとお弁当を一緒に食
べたからです。そして三つ目は、お天気がよかったからで
す。**

という文章ができあがります。ここに書かれているのは楽しかった理由ではなく、楽しかった事例を書き加えただけです。冒頭に書いた「きのう僕は動物園でライオンを見ました」という主題が置き去りにされ、「サルやゾウやキリンを見た」「みんなとお弁当を一緒にたべた」「天気がよかった」という楽しかった事例が枝葉として伸びただけです。そして枝葉の部分は、総じて状況の説明にしかなっていないことが多いのです。

　「動物園でライオンを見た」から書いたのは、一番印象に残ったからです。従ってここに、書き手の一番の思いがあるはずです。しかし、それ以上が書けず、思いが言語化できていないのです。WHY の問いかけには、言語化できない部分を引き出す役割があるのです。

> **ありがちなWHYの使い方**
> **WHEN + WHO + WHERE + WHAT + WHY + HOW**
> **５Ｗ１Ｈの要素を並列して文章を書く方法が多い。**

> **「きのう、僕は動物園でライオンを見ました。**
> **とても楽しかったです。**
> **その理由の一つは……、二つ目の理由は……」**

　例１を振り返って、WHY をどういう具合に使ったのかを振り返ってみましょう。再度、例文を見てみます。

例1

　きのう僕は動物園でライオンを見ました。

　きのう＝いつ・WHEN
　僕は＝誰が（は）・WHO
　動物園で＝どこで・WHERE
　ライオンを＝何を・WHAT
　見ました＝どうした・DO／DID

　例1は4W1Dの要素でできていました。これを要約すると、
「動物園に行って／ライオンを見た」
となります。これがこの文の根幹＝骨の部分になります。この
骨の部分に、WHYを問いかけていけばいいのです。

　1．なぜ動物園に行ったのか⇒ WHERE／DO
　2．なぜライオンを見たのか⇒ WHAT／DO

　そこから導き出される答えについて、さらに問いかけていく
のです。この作業は、文の骨となる部分にWHYを問いかけて、
主題を深掘りして明確にしていくことに他なりません。
　文章がうまく書けない理由の一つに、骨の部分を深掘りして
肉付けせず、直接関係のない枝葉を伸ばして冗長にしてしまう
ことがあります。状況の説明を積み重ねるばかりでかえって文章
全体が散漫になり、書きたい内容が伝わりません。文章は、
いかに焦点を絞って深く書いていくか、なのです。

4W1Dで文が書ければ、その要素にWHYを問いかけていけばいいのです。

WHYの使い方を変える

4W1Dの要素にWHYを問いかける。
(WHEN＋WHO＋WHERE＋WHAT＋DO/DID)×WHY

1．いつ（WHEN）× WHY ⇒ なぜそのときだったのか
2．誰が（WHO）× WHY ⇒ なぜその人だったのか
3．どこで（WHERE）× WHY ⇒ なぜその場所だったのか
4．何を（WHAT）× WHY ⇒ なぜそれをしたのか
5．どうした（DO／DID）× WHY ⇒ なぜそうなったのか

1～5のようにそれぞれの理由を導き出すようにします。そうすれば状況のみの4W1Dの文も行動と変化が加わり、伝わる文章がつくれるのです。わかりやすく新聞記事を例にすると、

1．「なぜそのときに、事件が起きたのか」
2．「なぜその人が被害者になり、加害者になったのか」
3．「なぜその場所で、事故が起きたのか」
4．「なぜそういうことをしたのか」
5．「なぜそういうことになったのか」

という具合になります。5W1Hを使った新聞記事は、それぞれの要素に問いかけをして、事件・事故の真相を探るため取材をします。これは、新聞記事に限った方法ではありません。

例1の「きのう僕は動物園でライオンを見ました」という短い文が、WHYの問いかけによって変化し、ひと綴りの文章になったのです。

ことばを情報に変える

ことばを情報に変えるということは、「状況」「行動」「変化」を書くことだ、という理由がおわかりになったでしょうか。もちろん、5W1Hだけで文章が書けるわけではないし、要素すべてにWHYを問いかけられない場合もあります。

しかし、こうした方法を知らないと、文章を書くときにことばを紡げなくなったり、文章を直す際の考え方や基準を明確に説明できなかったりするのです。それは、羅針盤を持たないまま大海に漕ぎ出す船と同じです。書くべき方向を見失い、その場の思いつきで文章を直し、全体の整合性が取れなくなる恐れがあります。5W1Hの意味を知りWHYの使い方を知ることは、文章を書いたり直したりする際の一つの指針を得ることになるのです。

ことばが情報になれば、それによって人の意識や行動、判断を変化させることができます。人が動けば、賛同者が集まります。一歩前に踏み出そうとするときの力となります。迷いが自信・確信に変わることにもなります。

第1章で、僕が書いたコラムに「面白い。毎週楽しみにして

いる」という内容のはがきを頂戴したことを書きました。その
ときに「少しホッとした」理由に、読者がはがきをわざわざ書
いて送ってくれたことに感謝を通り越しての驚きがあった、と
いう趣旨のことを書きました。これでいいのだろうかと、毎週
恐る恐る書いていたコラムに「仲間」ができたのです。読者が
書いてくれた（行動してくれた）一枚のはがきが、僕を一歩前
に踏み出させてくれたのです。

　見方を変えれば、情報にならないことばは、第三者に通じな
いとも言えます。ことばを掘り起こして情報にするということ
は、人を描くことでもあります。ことばを紡いで文章を書けば、
どうしても自らをさらすことにもなります。どんなに取り繕っ
ても、その人の考え方がにじみ出ていきます。考え方はことば
で構成されます。自分の使うことばの内側にしか自分の考えは
存在しないからです。
　そしてどんなに哲学的・形而上的な話であっても、そこには
必ず人が存在します。人が存在する限り、そこに状況、行動、
変化の理由があるはずです。同じ講演を聞いても、そこに集っ
た人の数だけ感想があるはずです。それは、個々のことばでし
か表現できません。仮に、あなたが書いた感想に多くの人が共
感したなら、それは、あなたのことばが情報となり、多くの人
を動かしたということになります。その情報はあなた自身にほ
かならないのです。
　第1章の終わりにも書いたように、「自らがメディアとなって、
自らをプレゼンする」というのは、ことばを変えれば「自らが
メディアになって、自らの情報を伝える」ということなのです。

第 3 章

新聞記事の変遷から
文章を考える

ここまで「ことばを情報に変えていく」ことを中心にお話ししました。ことばは時代を反映しています。同様に文章の書き方も時代に応じて変化しています。その変化を見ていきたいと思います。そこで、近代国家を目指した明治時代から現代の新聞記事の書き方を概観していこうと思います。そこから、ネット社会で求められる文章のあり方を探ることができると考えるからです。

「語りの文化」と新聞

　メディアという視点でまず、江戸時代の人形浄瑠璃や瓦版を見てみます。

　「曽根崎心中」は心中ものとして、人形浄瑠璃の代表的な作品です。作者は近松門左衛門です。この作品は、北の新地天満屋の遊女・お初と醬油屋の手代・徳兵衛の物語です。徳兵衛は醬油屋の主人の姪と縁談話がありました。しかし、お初となじ

んでいたため、縁談を断ろうと工面した金を、油屋の九平次にだまし取られます。男のメンツが立たない、とお初との心中を決意するのです。

　これは元禄16（1703）年4月に実際にあった話です。それをもとに近松が脚色し、同年5月に大坂竹本座で初演されました。心中事件から1カ月後に、人形浄瑠璃というメディ

アを通してニュースになったという見方ができます。実際の事件が、江戸時代にわずか1カ月で人形浄瑠璃として上演されたことは、当時ではかなり早い展開だったと想像できます。

　そして、人形浄瑠璃は語り手の「太夫」が場面の説明や台詞などを一人で伝え、物語を進めます。人形遣いと三味線弾きとも合わせての舞台ですが、語り手としての「太夫」が当時の「語りの文化」の代表でもあります。

　「瓦版」も江戸時代の代表的なメディアでした。木版のパンフレットのようなもので、仇討ちや地震、火事などのニュースや、浄瑠璃に題材を取った話などもありました。街頭で読みながら売っていたので「読売」と呼ばれていました。これが読売新聞の社名の由来です。これも「語りの文化」と言えます。

　1872（明治5）年に毎日新聞（東京日日新聞）、74（明治7）年に読売新聞、79（明治12）年に朝日新聞が創刊されました。全国紙となった3紙は、1870年代に誕生したのです。まだ維新後の混沌としていた時代です。明治政府は新聞を使って、近代国家への意識を国民に伝えようとの意図があったとも言われています。初期の新聞記事は、「語りの文化」を引き継いだ形が残されています。

　1879（明治12）年1月25日に大阪で創刊された朝日新聞の2面に載った記事を見てみましょう（→ *p.*56）。

　大阪・天神筋で油揚げを使った鮓を考案して、稲荷ずしとして売り出したところ大当たりした木下喜八の顛末が書かれています。いまで言うスキャンダル記事に近いものです。

○様ぐに追閣く貧乏なしとは千古の鑑音にして貧乏神も早晩根氣負して逃げ行くのみならで指向き貧方の鬼も角を折り忽地一念蘇起して帳面を消すに至る是を以て見る時は此備りの上に起る大概の紛議は昔響方の大立より敵とも なり味方ともなる世は種々の裏表変に愛たる美談あり府下第四大區二小區天神筋登丁目に稲荷酢と名附け最も昌なる酢屋あり元此稲荷酢と云ふは今を距る

ここで注目したいのは、漢字に振られているルビです。「千古」を「せんこ」ではなく「むかしから」、「確信」を「かくしん」ではなく「おしへ」と読ませるなど、現代であれば音読みする漢語を、大和言葉として読み仮名を振っています。句読点もなく、いまでは見られない独特な文体です。しかし案外読みやすく、読み手を引き込んで飽きさせません。どことなく講談の台本のようでもあります。声に出して読むことが前提にあるかのような書き方です。「語りの文化」とともに、比較的平易な書き方は言文一致運動の影響があるようにも見えます。

「天声人語」というコラムが生まれたのは、1904（明治37）年です。

天聲人語　雲を呼び雨を起すと云ふ辰の新年の元日匆々（そうそう）から雨が降た、併（しか）し後は所謂（いはゆる）日本晴れで一入（ひとしほ）氣持が宜（よ）かつた、あゝ是れ果して何の兆ぞやだ▲北條時宗が蒙古の使者を追

返したのは文永五年 戊 辰で、蒙古襲來に備ふる爲西海の
武備を修めたのは弘安三年 庚 辰である、それで夫の十萬
の蒙古兵が玄海洋の藻屑と消えたのが卽ち其翌弘安四年の
夏である▲桂と時宗とどちらがエライかそんな事は兎に角
二十世紀の今日マサカマサカローゼン公使を追返す樣な事
も出來まいが、セメては自ら追返る位には行きそうなもの
だ▲我政府も 愈 此程に至り列國に向ひ最後の決心を表明
する通牒を與へたそうだ、處が露國は此最後の決心が愈事
實に現はるる間際に成たら、必ず獨佛等の第三國をして我
國政府に異議を唱へしめるだらうと云う者がある、併し之
は尤もありそうな事だ▲夫れでかうなれば事が 益 面倒に
なるから、もはや最後の決心をした以上は何處迄もやツつ
けるがよい我政府では成るべく向ふから先に火蓋を切らせ
樣として居るらしいが、最早今日ではソンな事を彼是云ふ
時ではない、自ら信ずる所はドシドシやツて成るべく早く
片づける方が得策であらう

日露戦争前夜なので、いささか勇ましい語り口になっていま
す。それでも「桂と時宗とどちらがエライかそんな事は兎に角」
「最後の決心をした以上は何處迄もやツつけるがよい」「自ら信
ずる所はドシドシやツて成るべく早く片づける方が得策であら
う」などのような口語的な表現が目立ちます。近所のご隠居が
政治談義をしているような印象さえ受けます。

「ドシドシやツて」のオノマトペの部分や、「どちらがエライ
か」（形容詞）、「セメては自ら追返る」（副詞）、「ソンな事」（形
容動詞）もカタカナで表記しています。また、「氣持が宜かつ

た、」「弘安三年 庚辰である、」のように、現在の書き方では句点「。」であるべきところに、読点の記号「、」が使われています。「何處迄もやツつけるがよい」の文の終わりには句読点はありません。▲は句点の代わりではなく、段落の区切りとして使われています。

　表記、句読点の扱いなどはかなり自由で、現在のような文章作法が定まっていない印象です。

ポイント
書きことばと客観報道

　もう少し時代を下って、1940（昭和15）年9月1日付の朝刊を見てみましょう。秋の六大学野球についての記事が載っています。この年から六大学野球も縮小され、秋季リーグは各大学の1回戦総当たり制となり、3年後には文部省（当時）からリーグ解散令が出されます。

　翌年12月8日に、日本が真珠湾攻撃と宣戦布告し、いわゆる太平洋戦争が始まる前年の記事です。文章のトーンは硬く、明治時代の柔らかな語り口調とは違ってきています。現在のニュース原稿の形に近い表現に変化しているのがわかるのではないでしょうか。ただし「、」が読点ではなく、句点として使われています。

　平安時代以降のいわゆる文語体を受け継ぎながら、一方で「語りの文化」を取り込み、明治時代に書きことばは変化していき

「秋の六大學野球陣を探る」

秋の六大學野球リーグ戦は來る十四日から「一回戰」と云ふ聯盟初の試合方法の下に行はれる、此の新しい試みに備へる準備練習は例年といささかも變りのない眞面目な火の出る練習に努めてゐる、新人群の參戰と一回戰に對する各監督の作戰等それぞれに特色のあるシーズンを迎へんとしてゐるが新陣容と監督の覺悟を質して見る

秋の大大學野球リーグ戦は來る十四日から「一回戰」と云ふ聯盟初の試合方法の下に行はれる、此の新しい試みに備へる準備練習は例年といささかも變りのない眞面目な火の出る練習に努めてゐる、新人群の參戰と一回戰に對する各監督の作戰等それぞれに特色のあるシーズンを迎へんとしてゐるが新陣容と監督の覺悟を質して見る

秋の六大學野球陣を探る（上）

ました。時代を下るに従って、話しことばとは異なる書きことばのフォーマットを生み出してきたように思えます。西洋の言語の文法に当てはまらない日本語を、論理的でないとする意見があるかもしれません。わかりやすくかつ論理的な文章を求められるようになったのは、第2次世界大戦終結後の国語施策を経てからという見方もできます。

戦後になると、国語施策が大きく変わりました。1946年11月16日に「当用漢字表」と「現代かなづかい」が内閣告示されました。漢字の字種は1850字に制限され交ぜ書きが増えました。できるだけ漢字を使わないようにという方針だったのです。

これについては、GHQ（連合国軍総司令部）の影響が大きいと言われています。GHQの意向で、米国から派遣された「アメリカ教育使節団」が、1946年に「歴史的事実、教育、言語分析の観点から見て、本使節団としては、いずれ漢字は一般的書き言葉としては全廃され、音標文字システムが採用されるべきであると信じる」との報告書を出しています。

　漢字は覚えるのに時間がかかるため日本の近代化を遅らせる、という意見は江戸時代からありました。郵便の父・前島密は、1866（慶応2）年に「漢字御廃止之議」という建議書を将軍徳川慶喜に提出。明治初期には、初代文部大臣を務めた森有礼が英語を公用語とするよう提唱しています。終戦直後には、作家の志賀直哉がフランス語を公用語に、との主張もありました。

　「当用漢字」という名称も「当面用いる漢字」という意味だったといいます。そこには、徐々に漢字をなくす方向に持っていくという方針があったのです。しかし、漢字表については、行きすぎた漢字制限によって表記の不便も出てきました。こうした状況を踏まえ、1981年10月1日に「常用漢字表」が内閣告示され1945字種に増えました。さらにパソコンが普及した時代に、筆記できずとも表記できる状況を反映して、2010年11月30日に「常用漢字表」が改定され2136字種になりました。

　漢字を例にとりましたが、こうした国語施策は社会の変化を反映しています。文や文章の書き方についても、それに応じて変化するのは当然なのです。

　僕たちが書く文や文章の姿は、明治時代のものとは大きく異なっています。一般の人が現代のように、自由に文章を書いて

発信できる時代ではありませんでした。媒体も紙に限られていました。ものを書く人は、作家や新聞・雑誌記者など、いわばプロに限られていたのです。1925年３月にラジオ、1953年２月にテレビが放送されるまで、メディアは新聞・雑誌などの紙・活字中心でした。筆記用具も筆からペン・鉛筆へと移行しながらも手書きでした。

1980年代後半からワープロが普及し始め、2000年ころパソコンへ移行し始めました。インターネットという通信手段が社会インフラとなり、個人もブログなどで自由に文章を発表する手段を得ることができました。こうした社会情勢は、プロだけの「特権」だった「発信媒体」を広く一般に解放したのです。

ところが僕たちは、書き方をよく知りません。順序立てて書き方を教えてもらった経験がほとんどないからです。書いた文章を点検・確認する方法にいたっては、皆無と言ってもいいほどです。書き方・確認の仕方を知らないまま、手段と媒体を手にしたのです。

誰もが書けるけれど、誰もが書けない。そんな状況に陥っています。

ポイント

時代によって変化する書き方

新聞記者は明治時代から現代にいたるまで、人が入れ替わりながら約140年、原稿を書き続けてきました。作家のように一代で文体が途切れることもありません。プロとして文章のノウ

ハウを模索し続けている新聞原稿は、身近なお手本となり得るというのが僕の持論です。先に紹介した５Ｗ１Ｈを利用する方法も、書き方の一つとして活用されたものです。

　新聞記者はデスクに原稿を直されながら、書き方を習得していきます。言わば口伝です。そのため書き方について、なかなか系統的に言語化できていません。校閲部門にいると、出稿部門に確認を取ったり指摘をしたりする際に、ある程度、理論武装しなくてはなりません。なぜここが違うのか、なぜ文章がおかしいのか、などを締め切り間際の短い時間のなかで相手にわかるよう説明する必要があるからです。そうした蓄積が、僕が文章の書き方を伝える土台にもなっています。

　一般的に、読書量と文章力・読解力は比例すると言われます。ところが、インターネットの普及で、新聞や本などの紙・活字媒体に接する時間は減りました。これは、新聞を読んで文章のリズムを体得できる人が減ったということです。文章のリズムを覚えるというのは、まさに門前の小僧の手習いになるのです。

　僕が新聞社に入った1980年代前半の記事は、まだ手書きでした。小さなフォントでびっしりと詰め込んだ紙面は、前文（リード部分）が長く本文とダブる部分も多い書き方でした。リード部分を読むだけで、大体の内容がわかるように書いていたのです。子どものころから、親しんできた新聞の書き方でした。

　1985年４月１日付の朝日新聞朝刊の１面トップ記事（→ p.64）は、中曽根首相にレーガン米大統領の特使が電気通信分野の市場開放を一層強化するよう求めた親書を手渡した、という内容です。そのリード部分だけで、350字もあります。その後に続

く本文は、リード部分をなぞるようにしながら、さらに詳細をたっぷり書き込んだのです。

その後、新聞各社はシニア層の読者に配慮して、フォントを大きくする動きが相次ぎました。フォントを大きくすれば、全体の文字数は当然減ります。そのため、総体的な情報は減っても、質を落とさないような工夫が必要です。一つの記事を簡潔にする書き方を模索するようになりました。

2016年4月1日付の朝日新聞朝刊の1面トップ記事（→ *p.*65）は、教科書会社が検定中の教科書を教員に見せていた問題を扱っています。この前文は151字です。

記事の内容が違うので一概に比較はできませんが、31年の時を経て前文は半分になったのです。

さらに最近は、インターネットで記事を配信することを意識した書き方になっています。紙面では書き切れなかったサイドストーリーなども含めて展開し、個人の意見を伝えるようになり、署名記事が増えました。ネットでは署名が持つ意味がこれまで以上に重みを持つようになっています。

市場開放迫る

首相、解決促進約す
「公平性確保に努力」

レーガン米大統領の特使として来日したシグール大統領特別補佐官は三十一日、中曽根首相と会談し、米議会で電気通信分野について対日報復法案が成立しそうな状況であることを伝えるとともに、日本側の市場開放努力を一層強化するよう求めた大統領親書を手渡した。とくに電気通信分野では、日本が基準作成をガラス張りにして内外の企業を平等に扱うこと、通信端末機の技術基準についても緩和するよう、中曽根首相の決断と指導力の発揮を強く要請した。これに対して、首相は①具体的な技術基準などについては、これまで日本側がいってきた二カ月以内に見直すという期限にこだわらず、もっと早く解決したい②基準作成を確保する、いわゆる政策の透明性は確保すべきだ—と答えた。米側は「首相の決意を高く評価し、大統領にその旨伝える」と述べた。

米側は、日本の市場開放策になお不満を残している。しかし、首相の市場開放への「決意」を改めて確認したことにより、レーガン政権としては、前例がないほどの高まりを見せている米議会の対日強硬論を抑えはしないかと見られる。

シグール補佐官は同日夜、安倍外相、左藤郵政相とも相次いで会い、この特別声明を出して市場開放について国民の協力を求めることを明らかにした。一方、米国側に対しては、緊密な

ず決着させる方向に動くので、四月九日に当面の市場開放策と中長期を展望した開放策にとり組むかについて、政府の求めることを明らかにした。一方、米国側に対しては、緊密な考えを示す方針であることを強

朝日新聞朝刊1985年4月1日付1面トップ記事

64

採択関与の818人に謝礼

教科書選び「影響なし」

文科省調査

教科書会社が検定中の教科書を教員らに見せていた問題で、文部科学省は31日、小中学校で使う教科書の選定（採択）への影響について調査結果を公表した。検定中の教科書を見せられた教員や教育委員ら1009人が採択に関与し、うち818人が謝礼を渡されていたという。ただ、文科省は「採択への影響はなかった」と判断した。

▼38面＝甘い認識

文科省は、教委の採択に関わる立場になりうる公立

論づけた。文科省の担当者は「本人以外の証言を確認するなど1件ずつ審査した結果。文科省も影響がなかったとみている」と話す。

今回の調査で、数研出版が中元や歳暮を贈ったとき中心の10人の教育長や教育委員は、いずれも受け取りを拒否したり、すぐに返したりしたと回答したという。

教員のリストを教委に渡し、採択に関係させないよう求めた。2017年度からは、「教員の意見を教科書に反映したい」という教科書会社の要望を踏まえ、合同説明会を開く方針だ。

教科書協会も、悪質行為への制裁を盛り込むなど自主ルールの厳格化を検討している。（高浜行人、石山英明）

したとされる。（調査の人数はいずれも延べ数）

朝日新聞朝刊2016年4月1日付1面トップ記事

65

校閲を巡る
環境の変化

　僕が新聞社に入った1980年代前半は、パソコンも記事データベースもありませんでした。まだ手書きの原稿とゲラを照合することが中心で、新聞の用字用語のルールに合わせることが重要とされていました。内容のチェックは、新聞の切り抜きを取り寄せたり縮刷版を参考にしたりしました。そのため、ひたすら新聞を読んで、必要と思われる記事の切り抜きやメモを自分でつくって準備するしかありませんでした。極端に言うと「記憶と記録」こそが、80年代のデータベースだったのです。しかもこれは、個人の力量に大きく委ねられていました。

　1990年代の技術革新は、校閲のあり方をも変化させました。、ワープロ出稿からパソコン出稿に移行し、手書きの原稿がなくなったのです。記者が出稿した原稿はリリースされると、関係部署にプリントアウトされます。「校正刷りと書き原稿とを照合する」作業から、ファクトチェック中心の業務に移行したのです。

　パソコンで出稿するようになると、校閲不要論が出てきました。誤字・脱字などの校正もパソコンで可能になるという「パソコン全能論」です。ファクトチェックは出稿記者が責任を持てば校閲は必要ない、という論法です。
　校正支援ソフトを使えば、すべて解決できるという幻想もありました。しかし、ソフトは原稿の内容を理解できません。文字校正・表記ルール・一部の固有名詞の指摘をするにとどまります。その判断は人がしなくてはなりません。

AI（人工知能）が校閲するには、日本語の文法や膨大な量の間違いパターンを学習させなくてはなりません。また、自然言語における自由度の高い原稿の表現やその内容・文脈は理解できません。それでは校閲できません。

　いま話題のChatGPTで書かれた文章が正しいという、科学的根拠を示すためにむしろ、校閲の重要性が増すのだと思います。もっとも、近い将来、AIがその限界を超えてくる可能性は否定できません。それでも判断の採否を決めるのは、最終的に人であることに変わりはないと思うのです。

　2000年ころから日本語・漢字ブームが訪れました。それとともに、校閲が「ことばの専門家」として定期的なコラムや連載を担当するようになりました。「読む」仕事に「書く」仕事も加わり、積極的に紙面にコミットすることが求められるようになりました。

　そして2016年に、宮木あや子原作の小説『校閲ガール』（KADOKAWA）がテレビで放映されたことが、一つの転機になりました。

　ドラマはデフォルメされているとはいえ、校閲という仕事を知ってもらうきっかけになりました。多少の誤解も含め、どうやら知的で面白い仕事のようだ、と思われるようになり、校閲の知名度はグーンとアップしたのです。

　それまで日の当たらない場所に生息していた校閲の人々は、突如、まぶしい光の前にひきずり出されることになりました。校閲を見る周囲の環境が変化したのです。このお陰もあってか、「ことばの専門家」に対する不要論は影を潜めました。

　大きな事件・事故が起こって、編集局が蜂の巣をつついたような騒ぎになっても、動ずることなく冷静に原稿を読み、点検していく。誰に気付かれることもなく、いつの間にか正しい記事になって読者のもとに紙面が届く。それこそが校閲の美学であり矜持なのです。

第 4 章

文の構造を考える

二つのルールと
注意ワードに注目

ことばを情報にするための方法を、まず文の構造を知るところから考えていきたいと思います。第2章の初めに文と文章について、大まかな定義を記しておきました。覚えていますか？「文」についての定義をもう少し丁寧に見ていきます。

> 文：文法学上の基本単位。一つのまとまった内容を表す。末尾に活用語の終止形や終助詞がつく。一般的に書きことばでは句点「。」などで終わる。

　一つのまとまった内容を表す最小の単位、という言い方をしてもいいかと思います。ところが文については、さまざまな見解があります。たとえば

　　1)「猫！」
　　2)「私、カツ丼」

というのが文と呼べるのかという論議もあります。

　1には、明確な主語も述語も記されていません。路地裏などで猫を見かけたときに声をあげた、という場面を想像することはできます。しかし、あくまでも想像でしかなく「猫！」が、どういう状況にいるときに発せられたことばなのかは、文脈をたどらないと確認できません。

　2は、複数の友人と食堂に出かけたときの注文シーンに、よく使われる言い方です。常識的に考えて「私がカツ丼」であるわけがありません。「常識的に」と書きましたが、どこにもカツ丼を注文したことに触れていないのです。もしかしたら、学園祭などで「カツ丼の被り物」をする人の台詞かもしれません。これならば「カツ丼の被り物をするのは私だ」という意味にな

ります。この状況は、文脈のなかでしか判断できません。

　つまり、1や2にあげた文は必ずしも「一つのまとまった内容を表している」とは言えないのです。さらに、これらの文は名詞（体言）だけで「活用形の終止形」「終助詞」もついていません。つまり、先にあげた文の定義から外れているのです。そのため、これを文として認められないという意見も出てきます。一方で、

　　1ａ）「猫（がいる）！」
　　2ａ）「私（は）、カツ丼（を注文します）」

　このようにカッコでことばを補えば、一応、主語と述語が示され、「一つのまとまった内容を表している」文になります。1と2が、それぞれ1ａと2ａの省略文であると解釈すれば、1も2も文であると理解することができます。

　もっとも、1も2も話しことばです。書きことばとは、異なるという意見もあるかと思います。こうしたことからも文の定義がなかなか定まらないということがわかるかと思います。とはいえ、日本語文法の論議をするのが本書の趣旨ではないし、それを語る立場にもありません。僕自身は、1、2のようなものも、話しことばとしての文、と考えていいだろうと思っています。意味が通じるということは「一つのまとまった内容を表している」と言え、文法学上の解釈がどうであれ、文章を構成する一要素として存在しているからです。

　会話をする場合は、そのときの状況や身ぶり手ぶりなどのノンバーバル（非言語）の要素がたくさん入ります。そのため、文の要素を省略してもじゅうぶん通じます。一方、書きことば

の場合は、そのときの状況や身ぶり手ぶりで表現する内容を文や文章のなかに織り込み、読み手に伝えなくてはならない、ということです。

　いろいろと議論のある文と、文章をあえてわけて考えるのは、「文章は文を積み重ねてつくるもの」だからです。一口に文章の書き方と言っても、文の書き方と文章の書き方では、アプローチが異なります。まず文章の土台となる文が書けないと、文章をつくることができない、というのが僕の持論です。

　文章を書くために大切な【文構造のルール】は、右ページに示した二つです。いたってシンプルです。簡潔な文章をつくるには、その土台になる文を簡潔にすることです。

・そんなことは、当たり前じゃないか。
・そんな基礎はいいから、表現方法や魅力的な文章の書き方を教えてほしい。
・これで文章が書けるわけがない。

という意見が少なからずあることは承知しています。僕は、企業・自治体の広報研修・コンサルティングや大学での講義を受け持っています。実際に書いたものを見せてもらうと、

・主語が明確になっていない。
・述語が何を受けているのかわからない。
・一文に要素を詰め込み、趣旨が伝わらない。
・同じことばを何度も繰り返す。

文構造のルール

・・・・・・・・・・・・・・・・・・・・・・・・・・・・・

1. 主語と述語の関係を明確に

2. 一つの要素で一つの文

といったことが、結構多いのです。文を書くときに、【文構造のルール】に記したことを意識する機会がなかったのではないか、と思いました。

　どんな習い事も基本が大切です。この当たり前を身につけると、自由な書き方ができます。そして、いかようにも書き分けられるようになります。レポート、論文、報告書、企画書、説明用の資料、広報文、プレスリリース、ブログ、ネット原稿、コラム、エッセイなどどういうフォーマットにも対応できます。

ルール1

主語と述語の関係を明確に

では【文構造のルール】を満たすための具体策を見ていきます。それは僕たちが普段書いている文のなかに大きなヒントがあります。普段、気付かずそこをスルーしているだけなのです。そのヒントは四つの【注意ワード】に集約されます。次の例文を見てください。

例1

　伝達手段が多様化した時代は SNS やネット環境が発展しているので、直接顔を合わせなくてもコミュニケーションが取れる時代だ。

これを四つの【注意ワード】に注目して、見ていきます。

注意ワード 係助詞「は」
遠くの述語（述部）に影響する

　まずは、【文構造のルール】の一つ目「主語と述語の関係を明確にする」ために、助詞「は」について見ていきます。

　「伝達手段が多様化した時代は」の文にある「は」は、主語を表しています。しかし、主格を表す格助詞ではなく、係助詞です。現代日本語文法では副助詞と言われます。しかし、古語文法で言われる係助詞の方が、述語へのかかり方を示すうえでイメージしやすいので、ここでは係助詞という言い方をします。

　係助詞の一般的な役割は「たくさんの事柄のなかから、一つのものを取り出して提示する」ことにあります。

　例1の「伝達手段が多様化した時代は」は、時代に応じて社

会が形成されているなかで、とりわけ「伝達手段が多様化」しているということを提示しています。そして、文の構造で忘れてはならないのが、

　　「は」は、遠くの述語（述部）にかかるという働きがある

ということです。これがポイントです。**例1**の要素を書き出してみます。

　＃１．伝達手段が多様化した時代
　＃２．SNSやネット環境が発展
　＃３．直接顔を合わせなくてもすむ
　＃４．コミュニケーションが取れる時代

の四つです。書き出し部分は、

　伝達手段が多様化した時代はSNSやネット環境が発展している

とあるので、ここで、一つの内容が伝えられています。ところが「は」は遠くの述語にかかるので、＃１は＃４の述部にも影響します。そのため、

　伝達手段が多様化した時代は～コミュニケーションが取れる時代だ

という構造になります。

　　伝達手段が 多様化した時代は、

　　　～コミュニケーションが取れる時代だ。

つまり「**時代は〜時代だ**」という構造のなかに、＃2と＃3
の要素が入り込んでいることになります。

　＃1の「伝達手段が多様化した時代」は、具体的に＃2で
「SNSやネット環境が発展」と説明しています。「多様化」とい
うことばが必要かどうかを考えます。必要がないと判断すれば、

改善　例1−1 ──────────────────────

　SNSやネット環境が発展した**時代**だ。直接顔を合わせなく
　てもコミュニケーションが取れるようになった。

とします。「多様性」の具体的な内容を先に出して「時代」の
説明を言い切ります。次にその影響を続けて書くのです。

　「時代」の位置を2文目に持っていくこともできます。

改善　例1−2 ──────────────────────

　SNSやネット環境が発展した。直接顔を合わせなくてもコ
　ミュニケーションが取れる**時代**になった。

「時代」を主語にして書くこともできます。

改善　例1−3 ──────────────────────

　時代はSNSやネット環境を発展させた。直接顔を合わせ
　なくてもコミュニケーションが取れる社会を生んだのだ。

こうすると、解説ふうの書き方になります。また、「多様化」
を残したいというのであれば**例1−2**をもとに、

改善 例1−4 ─────────────

　SNSやネット環境が発展し、伝達手段が**多様化**した。直接
顔を合わせなくてもコミュニケーションが取れる**時代**だ。

─────────────────────

とすることが出来ます。「多様化」の説明を最初の文にまとめ
て言い切ります。次にそれがもたらす「時代」の特徴を続けれ
ばいいのです。さらに**例1−3**に「多様化」を加えてみます。

改善 例1−5 ─────────────

　時代はSNSやネット環境を発展させた。いわば伝達手段
の**多様化**だ。直接顔を合わせなくてもコミュニケーション
が取れる社会を生んだのだ。

─────────────────────

　より解説記事ふうになりました。「SNSやネット環境を発展
させた」ことを「いわば伝達手段の多様化」というふうに、別
角度からの表現で補う形です。具体的な内容を抽象的なことば
でまとめると、読み手の印象に残りやすくなります。

　先に、「自由な書き方ができる、いかようにも書き分けられ
る」ということをお話ししました。ここでは五つの改善例を示
しました。文の要素さえ押さえれば、その趣旨に沿ってさまざ
まな書き方ができます。つまり、基本を押さえれば、表現力も
増すということなのです。

　ここまで、

　　係助詞「は」は、遠くの述語（述部）に影響する

ということを話してきました。主語を表す格助詞の「が」と、述語との関係についても、触れておきたいと思います。

注意ワード **格助詞「が」**
直近の述語（述部）にのみ影響する

　「が」は主格を表す格助詞です。主語になる部分との結び付きが強く、直近の述語（述部）にしか影響しません。これを踏まえ、先にあげた**例1**を改めて見てみます。

例1

　伝達手段が多様化した時代は **SNSやネット環境が**発展しているので、直接顔を合わせなくても**コミュニケーションが**取れる時代だ。

「伝達手段が」「SNSやネット環境が」「コミュニケーションが」は、それぞれ直近の「多様化した時代」「発展している」「取れる時代」にしか、影響していないことがわかります。

伝達手段が 多様化した時代は、

SNSやネット環境が 発展しているので

〜コミュニケーションが 取れる時代だ。

「は」と「が」の違いについて、次の例を使ってもう少し説明します。

例2

　子どもが公園で遊んでいるのを見ていると楽しい気分になる。

「公園で遊んでいる」主語は「子ども」です。しかし、「見ていると楽しい気分になる」のは、隠れた主語の「私＝筆者」です。これは「が」がその直近の述語（述部）にしか、影響しないからです。

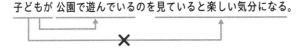

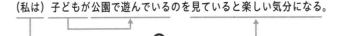

例2の「子どもが」を「子どもは」に置き換えてみます。

例3

　子どもは公園で遊んでいるのを見ていると楽しい気分になる。

こうすると、公園で遊んでいるのは「子ども」ではありませ

ん。それ以外の誰かです。ところが、「見ていると楽しい気分になる」のは「子ども」です。

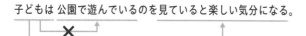

子どもは 公園で遊んでいるのを見ていると楽しい気分になる。

「は」と「が」が影響を及ぼす述語（述部）の違いを理解しておくことは、文の構造を知る基本となります。改めて確認してください。

まとめ

1．係助詞「は」は遠くの述語（述部）に影響する

2．「時代は〜時代だ」という構造にしない

3．「は」の後に要素をたくさん盛り込まず、分割する

4．格助詞「が」は直近の述語（述部）にのみ影響する

一つの要素で一つの文

【文構造のルール】の二つ目。「一つの要素で一つの文を書く」際に注意すべき点をお話しします。

「一つの要素で一つの文を書く」というのは、主語と述語が1回だけで成り立つ文（単文）で書くということです。

注意ワード 「ので」「が」

文の要素をつなぐ接続助詞

一つ目の【注意ワード】（→ *p.74*）では、主語を表す助詞「は」に注目しました。ここでは、接続助詞「ので」「が」を取り上げます。

よく似た働きに接続詞があります。接続助詞との違いも含めて、簡単に双方の説明をしたいと思います。

接続助詞：動詞や助動詞などについて、それより前の語句と
　　　　　後ろの語句をつないで意味上の関係を示すもの

接続詞　：単語と単語、前後の文節や文をつなぐ働きをも
　　　　　つもの

難しいですね。接続助詞は動詞や助動詞などにつくので、一部の用法を除いて基本的に文の頭には出てきません。一方、接続詞は文中に使われることがありますが、基本的に文頭で使われます。大まかに、こんな具合だと覚えておいてください。もちろん例外や文法的な解釈の違いもあります。要は文のなかで、

前後の要素を接着するものに注意しようということです。

「読めばわかる」の「**ば**」

「人気がでてきてもおごり高ぶらない」の「**ても**」

なども接続助詞です。しかし「ば」や「ても」の場合は、対句のようなつなぎ方も多く、接続助詞の前後で要素を分割すると、かえってわかりにくくなります。

そのため文を簡潔に書く【注意ワード】として、「ので」「が」に注目しているのです。簡単な例から見ていきましょう。

① 天気がいいので洗濯をした。

② あなたの申し出はうれしいが、今回は遠慮しておく。

①②の文には、共通する特徴があります。それは「ので」「が」という接続助詞の前後が文として成立しているということです。先述した「ば」「ても」の場合は、前後が文として成立していません。ここに違いがあります。

① 天気がいい／洗濯をした

② あなたの申し出はうれしい／今回は遠慮しておく

文が二つ連なれば当然、主語と述語（述部）も二つできます。つまり、二つの要素で一つの文をつくっているということです。だから、接続詞を使って分割しようというのです。

① 天気がいい。だから洗濯をした。

② あなたの申し出はうれしい。しかし今回は遠慮しておく。

こんな具合に接続助詞の前後で文をわけ、それを接続詞でつなぐことができます。

改めて、例1（→ p.74）を見てみましょう。再掲します。

例1

伝達手段が多様化した時代はSNSやネット環境が発展している**ので**、直接顔を合わせなくてもコミュニケーションが取れる時代だ。

A：伝達手段が多様化した時代はSNSやネット環境が発展している

B：直接顔を合わせなくてもコミュニケーションが取れる時代だ

AとBの文を「ので」という接続助詞でつないでいます。これは、①②と同じ構造です。接続助詞の前後でそれぞれ文が成立しています。

複数の文をつなげば、当然一つの文は長くなります。

「一つの要素で一つの文をつくる」ためには、接続助詞の前後を分割すればいいのです。その際に、使うのが接続詞です。**例1**を修正してみます。接続助詞「ので」は理由・原因などを表すので、それに類した接続詞を使います。

要素A＋接続助詞＋要素B。

要素A。接続詞＋要素B。

　伝達手段が多様化した時代は SNS やネット環境が発展している。**そのため**、直接顔を合わせなくてもコミュニケーションが取れる**ようになった**。

さらに「多様化」の部分を省略して、

　SNS やネット環境が発展した時代になった。**そのため、**直接顔を合わせなくてもコミュニケーションが取れる**ようになった**。

などとすることもできます。

　こういう説明をすると「接続助詞を絶対使ってはいけないのか」という質問を頂戴します。使っていけないのではありません。①②のように比較的短い文なら、そのままでもいいと思います。ここでお話ししているのは、「一つの要素で一つの文を書く」方法についてです。

　文の構造を意識しているかいないかで、文章は変わってきます。接続助詞をできるだけ使わない、というのは、シンプルに書くための一手段なのです。接続詞を使って書いて、それが細切れになっていると思えば、それを接続助詞に変えることは簡単です。しかしいったん接続助詞を使って書いた文を接続詞に変えるのは、なかなか難しいのです。文を分割したり削ったり

すると、意味が変わってしまうのではないかという心理的な抵抗があるからです。

また、接続詞は独立した文の冒頭につくことが多いので、文の対比がはっきりします。文のなかに織り込まれた接続助詞の場合、対比を明確にするより、意味上の関係を示す働きが強いのです。そのため *p.83* の**例1**のAとBのように、それぞれの要素が長い文になっている場合は、かなり意識的に読まないと接続助詞「ので」の存在に気付きづらいのです。

無意識に接続助詞を使っていると、文が複雑になっている原因が理解できません。そのため「読みにくい」「わかりにくい」という課題を解決できないのです。

まとめ

1. 接続助詞を使うと文が長くなる

2. 「ので」「が」を見つけたら、その前後で分割する

3. 文をつなぐときは、できるだけ接続詞を使う

注意ワード # 用言の連用形

文をつなぐ中止法

　「用言の連用形」「中止法」など、また聞き慣れないことばが出てきました。それほど難しいものではありません。簡単に説明します。

●**用言**……活用があって、単独で述語になる自立語です。動詞・形容詞・形容動詞のことを指します。

　ここでは、中止法に使われる用言の語形についてのみ説明します。

●**動詞の連用形**……「**光り**ます」「**書き**ます」「**読み**ます」などのように、動詞の後に「ます」がつくときの形。

●**形容詞の連用形**……「夏は**暑く**、冬は寒い」の「暑く」のように「〜く」になる形。

●**形容動詞の連用形**……「水が**きれいで**、空気も澄んでいる」の「きれいで」のように「〜で」になる形。

●**中止法**……用言の連用形の用法の一つです。「星が**光り**、月が満ちる」「空は**青く**、雲一つない」などの「光り」「青く」のように、連用形で文をいったん中止して、次につなげる言い方です。

　僕たちは中止法を無意識に使っています。表現の一つなので、当然です。ところが、これが文を複雑にする場合があるのです。**例1**を少し変化させてみます。

例1−1

　伝達手段が多様化した時代は SNS やネット環境が**発展し、**直接顔を合わせなくてもコミュニケーションが取れる時代だ。

「発展している**ので、**」を「発展し」という中止法に変えてみました。これも接続助詞と同様、要素が二つつながっていることがわかると思います。これも**改善例1−6**のように「発展している」と、終止形にして文を分割します。再掲します。

改善　例1−6

　伝達手段が多様化した時代は SNS やネット環境が**発展している。**そのため、直接顔を合わせなくてもコミュニケーションが取れる**ようになった。**

　要素をつなぐものが接続助詞であれ中止法であれ、要素ごとに文を分ける意識が必要です。別の例文で確認しましょう。

例3

　兄の話はいつも同じで、高校時代にバスケット部のキャプテンを務め、インターハイで優勝したので、希望の大学にも推薦で入ったまではよかったが、就職活動が思うようにいかず初めて挫折を味わった話だった。

　長い一文です。内容は、だいたいわかります。しかし、何と

なくまどろっこしい感じがすると思った方もいるのではないでしょうか。「この文を直してください」と、手渡されたらみなさんは、どう直しますか？　ここまでに話した【注意ワード】を探してみてください。

　書き出し部分の「兄の話は」にある「は」は係助詞です。「は」は遠い述語にも影響を及ぼすのでしたね。

兄の話はいつも同じで

〜話だった。

　文末の述語「話だった」まで影響を及ぼすので、「兄の話は〜話だった」という構造になっています。
　この文の要素を書き出してみます。

　　#１．兄の話はいつも同じで、
　　#２．高校時代にバスケット部のキャプテンを務め、
　　#３．インターハイで優勝したので、
　　#４．希望の大学にも推薦で入ったまではよかったが、
　　#５．就職活動が思うようにいかず初めて挫折を味わった

　#１の「同じで」は形容動詞「同じ」の連用形です。
　#２の「務め」も連用形の中止法です。
　#３の「ので」、#４の「が」は、接続助詞です。

#5の「いかず」の「ず」は、助動詞「ぬ」の連用形です。中止法ではありません。

　中止法は、「務める」など語句が独立して活用する場合の、連用形の用法を言います。

　助動詞の場合は「いく＋ぬ」⇨「いかず」など、語句に付属して成立します。

　【注意ワード】を色分けして、再度、**例3**を見てみます。

例3

　　兄の話**は**いつも**同じで**、高校時代にバスケット部のキャプテンを**務め**、インターハイで優勝した**ので**、希望の大学にも推薦で入ったまではよかった**が**、就職活動が思うようにいかず初めて挫折を味わった話だった。

みなさんも見つけられましたか？　では、これを手直しします。

改善　例3

　　兄の話**は**いつも**同じだ**。高校時代にバスケット部のキャプテンを**務めた**。インターハイで優勝した。**そのため**、希望の大学にも推薦で入ったまでは**よかった**。**しかし**、就職活動は思うようにいかず初めて挫折を味わったというのだ。

　#1の「いつも**同じで**」という連用形の中止法を、「**同じだ**」と終止形にして言い切ります。そして、その内容を以下に続けます。

　#2は「キャプテンを**務め**」という中止法を、「**務めた**」と

終止形に。

#3「インターハイで優勝した」で止めました。

#4の「優勝した」ことなどがきっかけで大学推薦を獲得した、という理由を「そのため」という接続詞で明示しました。「よかった**が、**」は「**よかった。しかし、**」にしました。

こうすると「兄の話は～話だった」という構造から抜け出すことができます。

中止法をやめたり接続助詞を省いたりしたため、#2～#5の部分がブツブツと切れた感じになりました。次に文の流れを意識して、再度組み立てます。

改善 例3－1————————————————————

　　兄の話はいつも**同じだ**。高校時代にバスケット部のキャプテンを**務め**、インターハイで優勝**した。そのお陰で**希望の大学にも推薦で入った。**ところが、**就職活動は思うようにいかず、初めて挫折を味わったという**ものだ**。

────────────────────────

「兄の話はいつも同じだ」というテーマの中身を、
①高校時代、バスケットで活躍　②大学推薦入学　③就活で暗礁
という流れで整えます。

#2、3　「務め」という中止法を復活させ、高校時代のバスケットの活躍をまとめます。

#4　「そのお陰で」ということばで受けて、大学推薦入学の話を続けます。

#5　就活で暗礁に乗り上げた話を「ところが」という接続

詞に変えて、最後の文につなげます。

　「味わったというのだ」で終わっても問題はありません。冒頭の「兄の話」内容を受ける形をはっきりさせるなら、「ものだ」としてもいいと思います。

　接続助詞のところでも話しましたが、中止法も絶対使ってはいけない、というわけではありません。文を簡潔にするためには、意識して使うということが重要です。そのためいったん、中止法を省いて組み立て直そうという趣旨です。

　一つの要素で一つの文を書くために、接続助詞の「ので」「が」と、用言の中止法に注目します。次に文章の流れを整理し、文をつないでいきます。

まとめ

　１．連用形の中止法は、できるだけ終止形に

　２．文を分割してつながりが悪ければ、再構成する

　３．その際に、文章の流れを意識する

読みにくい、理解しにくいと思う文に出会ったら、「ので」「が」の接続助詞がないか、中止法を使っていないか、を確認してください。その前後で要素が分けられるはずです。そうすると主語と述語の関係がはっきりし、「話は〜話だった」などという奇妙は構造も改善されるはずです。

　文章作法の類いの本を見るとよく「文は短くした方がわかりやすい」と書いてあります。しかし大抵は、例文と改善例を並べて「このようにわかりやすくなりました」と言うだけで、なぜわかりやすくなったのかを明示していない場合が多いのです。

　接続助詞と連用形の中止法に注目して、その前後で要素を分けると、必然的に文は短くなります。そうすると主語と述語が明確になり、わかりやすい文になるのです。表現力を増やすことができることも、改善例を示してお話ししました。

　「文は短くした方がわかりやすい」のではなく「わかりやすい文をつくれば、必然的に文は短くなる」のです。

　「文」の基本がわかったところで、次は「文章」について考えていきます。

第 5 章

文章の構造を考える

四つのルールと注意ポイント

第3章で新聞の文体の変遷を見ました。僕たちを取り巻く通信環境は時代を追うごとに大きく変わり、それに呼応して媒体も変化しました。

　僕たちはパソコンを使って文章を書くことが当たり前の時代に生活しています。いまでは、スマートフォンが身近な入力端末にもなっている時代です。パソコンのキーボード入力よりスマートフォンの入力の方が楽だという大学生も増えてきました。遠隔地からリモートでコミュニケーションを取ることが一般的になり、メールとともにチャット機能を利用した短い文章のやり取りも増えてきました。かつての紙媒体を中心としていた時代とは異なる作法が生まれているはずです。

「簡潔に書く」とは

　発信される情報の量は格段に増えました。会社勤めをしていたころには、一日のメールは50通ほど、多いときは80通を超える日もありました。勤務時間を仮に8時間とすると、1時間あたり平均6通強です。10分ごとに1通の計算です。80通ともなると、6分に1通届くことになります。ほうっておくと、数カ月で個人に与えられたストレージの容量を超えるほどでした。こういう状態だと長々書かれたメールは、読む気がしなくなります。

　　「一筆啓上　火の用心　お仙泣かすな　馬肥やせ」

徳川家康の家臣であった本多作左衛門重次が、戦場から妻に送った手紙文のように、必要なことだけが書かれていることが重要なのです。

文章を読んでもらうということは、
相手の時間を奪うこと

でもあります。特にビジネスシーンでは、5分で理解できる文章と、10分かけなければわからない文章とでは、読み手（顧客など）の満足度と安心感は大きく異なります。時間をかけずに理解できる文章にするよう心がけたいと思うのです。

　さっと読んで、すっと理解できる文章こそが、名文だと心得ましょう。

　第4章で、文章の土台である文をしっかり固めたところで、次はわかりやすい文章の構造を考えていきます。これもいたってシンプルです。

文章構造のルール

....

1. 「骨」を書き、「肉」をつける

2. 「肉」は「脈」でつなぐ

3. 伝えたいことは前に出す

4. キーフレーズ、キーワードは独立させる

ルール1

「骨」を書き、「肉」をつける

　「骨を書く」というのは、基本の骨組みというだけでなく、文章の核になる部分を書くという意味です。何を伝えたいのか、何を伝えるべきなのかを確認することから、文章は始まります。

　「骨」の部分をしっかり言い切って、その後に補足すべき内

容を重ねて「肉をつける」というイメージです。これは、【文章構造のルール】の３「伝えたいことは前に出す」ということにも通じます。

　第２章で５Ｗ１Ｈの話をした際に使った例文「きのう僕は動物園でライオンを見ました」に再登場してもらいます。

　この４Ｗ１Ｄの文をもとに、ＷＨＹを使って展開させました。その時につくった文章がこうでした。

例1

　　きのう僕は学校の遠足で動物園に行きました。真っ先にライオンを見ました。『ジャングル大帝』という本が好きだったからです。それは６歳の誕生日に父からプレゼントされたものです。真っ白いライオンのレオが、仲間たちと協力して生きていく姿に感動しました。

　　しかし、実際に見たライオンは白くありませんでした。しかも、木陰で寝てばかりだったので、がっかりしました。

　第２章では、書きあぐねている人が文章を展開するための例を示しました。「ＷＨＹ」を問いかけて、文章が一通り書けました。何となく、これで一件落着といった感じです。しかし、この文章がさらに展開するようにブラッシュアップしていこうと思います。

　この文章で一番言いたい「骨」の部分はどこかを考えます。最後の感想にある「ライオンは白くなく、木陰で寝てばかりでがっかりした」という気持ちの変化を一番伝えたいのであれば、

ここを初めに出します。

　ほとんどの人は、感想を最初に口にするものです。たとえば、あなたの友人が、あるコンサートに行ったとします。翌日その友人に会ったときに「コンサートはどうだった？」と聞いてみてください。恐らくほとんどが、まず「よかったよ」とか「いまひとつだったなあ」などと答えるはずです。いきなり「パーカッションのリズムがうまく刻まれてて…」などと、ディテール（細部）から話し出すことはないと思います。よほど、お互いがパーカッションについて共通の関心が強ければ、別でしょうが。

　つまり、まず情感を伝えて、それを共感覚のベースをつくったうえで、内容に入ろうとするのは、さして不思議なことではありません。

　例1でも、まずそこを「骨」の部分として、一番に出してみようと思うのです。

改善 例1－1 ────────────────────

　ライオンは白くありませんでした。しかも、木陰で寝てばかりだったので、がっかりしました。

────────────────────────────

　いきなり「ライオンは白くありませんでした」から始まり「木陰で〜がっかりしました」と続きます。読み手は「何のことだ？」という感覚が芽生えます。例1の「骨」を冒頭に置いたのです。そこから、これに関連する内容「肉」を加えていきます。

98

　ライオンは白くありませんでした。しかも、木陰で寝て
ばかだったので、がっかりしました。**6歳の誕生日に父か
ら『ジャングル大帝』という本をプレゼントされました。
それは、真っ白いライオンのレオが仲間たちと協力して生
きていく話でした。僕はとても感動しました。だから、学
校の遠足で動物園に出かけるのをとても楽しみにしていた
のです。**

　2文目の後に、『ジャングル大帝』という本をプレゼントさ
れた話が、追加されます。ここで、その本を知っている人は、
白いライオンとの関係が理解できます。それを知らない人も、
次の

　「それは、真っ白いライオンのレオが…」

という具体的な話で、関係が見えてきます。その本に感動し
たことがわかります。そして、畳み込むように

　「だから、学校の遠足で動物園に出かけるのをとても楽しみ
にしていたのです」

と続きます。ここは、冒頭の「ライオンは白くありませんで
した」とリンクします。**改善例1−2**は、次の要素で組み立て
られています。

#1．ライオンは白くなかった。木陰で寝てばかり。がっ
　　　かり

#2．6歳の誕生日に父からプレゼントされた『ジャング

ル大帝』

#3．真っ白いライオンのレオ

#4．仲間たちと協力する姿に感動

#5．学校の遠足で動物園、楽しみにしていた

これを見ると、#1から#2へ、#2から#3へ、という具合に、#5まで白いライオンが連環していることがわかると思います。比較のために、例1のパーツも同様に並べてみます。

#1．学校の遠足で動物園に行った

#2．真っ先にライオンを見た

#3．『ジャングル大帝』が好きだった

#4．それは6歳の誕生日に父からプレゼントされた

#5．真っ白いライオンのレオ

#6．仲間たちと協力する姿に感動

#7．ライオンは白くなかった。木陰で寝てばかり。がっかり

となります。#5になってようやく、白いライオンという情報が出てきます。そして#7でようやく#5とつながり、全体状況が理解できるのです。

改善例1−2では真っ白いライオンを中心に話が進みます。例1では#1と#2が動物園でライオンを見たという状況説明、#3〜#6が白いライオンに興味を持った理由、#7が感想です。大まかに3つのパートでできています。そのため順を追って7パーツを費やさなくてはならないのです。

例1も改善例1－2も、書かれている内容はほぼ同じです。しかし、全体の印象は大きく異なります。**例1**は、もともと4W1Dの文にWHYを問いかけて、その順番に書いていったものです。そのため、**例1**は最後に置いた＃7を帰結点として構成されています。

　一方、**改善例1－2**は例1でできた文章を見直し、「骨」の部分を「真っ白いライオン」に据えました。そこに「肉」をつけていったものです。そのため、「だから、学校の遠足で動物園に出かけるのをとても楽しみにしていたのです」が最後に置かれました。

　この構造は、「楽しみにしていた」その先の展開を期待させるものになっています。続きを書いてみます。

改善　例1－3

　ライオンは白くありませんでした。しかも、木陰で寝てばかりだったので、がっかりしました。6歳の誕生日に父から『ジャングル大帝』という本をプレゼントされました。それは、真っ白いライオンのレオが仲間たちと協力して生きていく話でした。僕はとても感動しました。だから、学校の遠足で動物園に出かけるのをとても楽しみにしていたのです。

　友達は「白いライオンなんかいるわけがない」と言いました。僕は悔しくて、家に帰ってからインターネットで調べました。白いライオンは突然変異で生まれるので、とても珍しいのだそうです。しかし、〇〇動物園に1頭いることがわかりました。父に話をしたら、夏休みに連れて行っ

てくれることになりました。

　早く夏休みが来ないかなあ、と今から楽しみです。

　と、展開することができます。ここでも、すべては「真っ白いライオン」を軸に展開していることがわかるのではないでしょうか。「骨」を定めて、そこから書き始めると、対象を深く掘り下げることができるのです。

　話は横に広がりがちです。木にたとえるなら、本題に当たる「幹」を書いていたはずなのに、いつの間にか直接関係のない「枝葉」の話が中心になって、論旨が伝わらない文章になってしまったという感じです。

　会話や講演などの話しことばは、本題から広がる「枝葉」が一つの魅力となります。つまり横へ広がる傾向の強い伝達方法です。一方、書きことばは、横への広がりをできるだけ押さえて「幹」をしっかり書き込んでいくことが重要です。

　「動物園でライオンを見てがっかりした」を帰結点とした**例1**は、決して悪い文章ではありません。帰結点に向かって順番に説明していく方法は、結論を導くための論文やレポートなどの書き方に似て、演繹的です。一方、**改善例1-3**はすべての文が「白いライオン」というテーマを貫いていて、帰納的です。この違いについては、後ほど解説します（→ p.123）。いずれにせよ、文章を書く目的によって、書き方があるということです。

　ここで、**例1**と**改善例1-3**をもう一度、見てほしいのです。ここには、複雑な文がないことにお気付きでしょうか。第4章でお伝えしたように「一つの要素で一つの文」をつなげている

からです。何ひとつこねくり回した文がないことを理解していただけると思います。

接続助詞もほとんど使っていません。**例1−3**の「白いライオンは突然変異で生まれるので、とても珍しいのだそうです」に「生まれるので」と「ので」を使いました。これは

白いライオンは突然変異で生まれるそうです。だから、とても珍しいとのことです。

としてもいいところです。しかし「生まれるそうです」「珍しいとのことです」という伝聞の形が続くのを避けたのです。

前の文の意味・印象を引き受けて、次の文に連環させる書き方を「脈」と呼びます。よく言われる「文脈」の「脈」です。これについても、後段で詳しくお話しします（→ *p.*106）。

「骨」を書いてそれに「肉」をつけると、文章の展開が変わってくることがわかりました。これは「伝えたいことはできる

だけ、前に出す」ということにも通じるのです。しかし、文章を書くときに、結論部分から書き始めるのは、心理的な壁があることも事実です。その背景を少し見ていきたいと思います。

　江戸時代の戯作者・近松門左衛門が書いた人形浄瑠璃「曽根崎心中」や「心中天網島」などには、心中への道行きが見せ場の一つになっています。男女が寄り添い死出の道を歩きながら、現世の無常を恨み、来世での邂逅を約束する姿に、得も言われぬ世の不条理を見たのです。

　また、戦後の有名なラジオドラマ「君の名は」（菊田一夫・作）は、東京大空襲の混乱のなか、偶然出会った真知子と春樹が、銀座・数寄屋橋で再会を約束するもなかなか会えないすれ違い劇が話題となりました。戦時中の混沌をすれ違い劇のなかに重ねて見ていたのかもしれません。

　1970年代には1時間の枠のなかで、その半分くらいの時間を若手の刑事が走っているという印象がある人気刑事ドラマがありました。走っている若い刑事の汗のなかにドラマを凝縮させるのです。

　「君の名は」も刑事ドラマも、また道行きに通じる感情移入の手法かもしれません。手紙も同様です。

　拝啓　時下ますますご清祥のこととお慶び申し上げます。
　**　平素は弊社につきまして格別のご高配を賜り、厚く御礼**
　申し上げます。
　**　さて、……**

といった具合に、定形の文言や時候の挨拶を書いて、「さて、…」から本題に入ります。

伝統的な人形浄瑠璃とラジオ・テレビドラマ、手紙を同一に見るのは、乱暴かもしれません。しかし、そこに通底する「何かが起こる前の心理的な共感」が、伝統的に身についているのではないか、と思うのです。

人形浄瑠璃の道行きでは、その先の死より、そこへ至るまでの過程や世の不条理に対しての共感です。「君の名は」では、真知子と春樹が再会した後の話の展開より、再会に至るまでのすれ違いが２人の遭遇した東京大空襲の混乱を、聴衆が同時体験として共感するのです。

刑事ドラマでは、若手刑事のひたむきな正義感が、走るという行動と、それに象徴される汗に対して視聴者がシンパシーを感じるのです。

手紙の定形のことばや時候の挨拶なども、それ自体に大きな意味がないことを知りつつ、その手順を踏むことによって共感覚をもたらす装置となっています。こうした点から見れば、手紙では時候の挨拶などを書く必要はあると思います。

しかし、パソコンやスマホを使ってやり取りをするメールやチャットなどは、手紙を使っていたころに比べ、情報のスピードが速く、その量も格段に増えています。一説には現代の１日に受け取る情報量（質はともかく）は、江戸時代の１年分、平安時代の一生分だとも言われています。ネットの情報なので確度は保証できませんが、感覚的にはさもありなんと思えます。

情報にあふれた時代だからこそ、端的にわかりやすい文章を読み手に提供する必要があるのです。繰り返しますが、

**　　読んでもらうということは、相手の時間を奪うこと**

でもあります。わかりやすい文章は、時間をコントロールできるのです。

「肉」は「脈」でつなぐ

　【ルール１】でも少し触れましたが、ここからは「『肉』は『脈』でつなぐ」について、お伝えしようと思います。

　映画の「モンタージュ理論」を応用して文章を書く方法です。モンタージュ理論は、旧ソ連の映画監督セルゲイ・ミハイロヴィッチ・エイゼンシュテインが理論化した映画編集の手法です。映画が動いて見えるのは、画像が連続して映されるからです。モンタージュ理論を単純に言うと、映像の組み合わせ方で、それを見ている人の意識を変化させるという編集理論です。映像作家のクレショフが次のような実験を行いました。

　　１．スープの入った皿⇒男性の顔のアップ

　　２．棺桶に入った遺体⇒男性の顔のアップ

　　３．ソファに横たわる女性⇒男性の顔のアップ

　１〜３の男性の顔は同じ映像です。

ところが、

　１の「スープの入った皿」の映像が流れると、男性が空腹であるように感じます。

　２の「棺桶に入った遺体」が流れると、男性の悲しみが伝わ

るように感じます。

　3の「ソファに横たわる女性」であれば、男性の欲望を表現しているように感じます。

　モンタージュで得られた意識の変化をクレショフ効果と言います。

つまり、

　　「映像は、その前の映像に影響を受ける」

のです。この理論と効果は、文章にも応用できます。

 注意ポイント ## 映像を意識して書く

「文章の残像」をつなぐ

　次にお見せする**例2**は、黒柳徹子さんの大ヒット作『窓ぎわのトットちゃん』を題材に、僕が書いた文章の書き出し部分です。これを使って、文章におけるモンタージュとクレショフ効果について解説します。

例2

　ⅰ．窓ぎわの最前列が、僕の特等席だった。

　ⅱ．40人ほどの生徒が詰め込まれていた中学の教室。

　ⅲ．特等席は教壇に立つ先生の死角になる確率の高い場所
　　　だった。

　ⅳ．太陽の光は油膜の張った窓に小さな虹をつくる。

　ⅴ．窓に当たった雨粒は小さなジグザグを刻みながらガラ
　　　スをはいおりる。

　ⅵ．校庭のイチョウの葉が不規則に揺れる。

vii. 雲がゆったりと姿を変えながら流れる。

viii. 窓越しに眺める景色は、自分とは異なる時の流れを歩んでいた。

「窓ぎわの最前列が、僕の特等席だった」ことをまず提示しました。『窓ぎわのトットちゃん』を題材に書く文章では、ここが一番に書くべきポイントだったからです。

しかし「窓ぎわの最前列」がどこを指しているのか、ここでは示されていません。「僕の特等席だった」も、何をもって特等席と言っているのかが判然としません。

これを受けて、ⅱで「40人ほどの生徒が詰め込まれていた中学の教室」とつなぎました。窓ぎわの最前列がどこであるか、がわかります。

続くⅲで、特等席の意味がわかります。普通、教室の後ろが特等席のように思います。しかし「教壇に立つ先生の死角になる確率の高い」と意外性が書かれます。

そしてⅳで「太陽の光は油膜の張った窓に小さな虹をつくる」と、次にその窓に視点が移ります。ここで、先生の視線から逃れて、窓を眺めている様子が見えてきます。

続くⅴ～ⅶは、その時々、窓に映る風景を書いているだけです。しかし、ここで窓を眺めている主人公の心の揺れを

「ジグザクを刻みながら」

「不規則に揺れる」

「ゆったりと姿を変えながら」

という表現で描写しました。

ⅷで「窓越しに眺める景色は、自分とは異なる時の流れを歩

んでいた」と、つないでいます。ⅰの文を受けてⅱが、ⅱを受けてⅲ、ⅲを受けてⅳ…といった具合に文が続いています。

　冒頭のⅰ〜ⅲの書き方を変えてみます。

例2−1

　40人ほどの生徒が詰め込まれた中学の教室で窓ぎわの最前列は、教壇に立つ先生の死角になる確率の高い、いわば特等席と言ってもいい。僕はいつもその特等席に座っている。

と書くこともできます。これでも文章は成立します。しかし、「40人ほどの生徒」⇨「その生徒が詰め込まれた中学の教室」⇨「その教室にある窓ぎわの最前列」という具合に、説明に説明を重ねているため、全体が重く、1文が長くなります。

　読みづらい文章の特徴の一つは、何度も同じことばを繰り返していることです。丁寧に書いたつもりが、かえってわかりにくい文章になる場合もあります。

　例2はモンタージュを意識した文章です。前の文の影響を受けて、次を書くように意識しました。そのため説明的な描写をほとんど書きませんでした。前の文を補足していく感覚で書いています。いわば、文を読んで頭のなかで映像化されるものを、残像として次の文にバトンを渡すイメージです。無駄なことをできるだけ省いたので、文章のテンポがよくなります。

　例2と**例2−1**を読み比べていただくと、文章におけるモンタージュとクレショフ効果が理解していただけるのではないでしょうか。このようなモンタージュを意識した文の流れを「脈」

と呼んだのです。

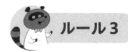

伝えたいことは前に出す

　先に書いた、人形浄瑠璃やドラマや手紙で見られるような表現手段を、すべて否定しているわけではありません。劇やテレビドラマ、手紙という媒体のなかでは、共感パターンに一定の意味があります。

　しかし、業務報告書や稟議書、エントリーシートなどでスッと本題に入れず、かといって、人形浄瑠璃の台本のように読ませる「道行き」になっていない文章に出会うことが多いのです。

　どこまでいっても文章の「骨」の部分が見えてきません。結論は、最後に置くという意識があるのかもしれません。

　もちろん、論文などを書くときには、仮説を立てて、それに基づいて一つひとつ検証する過程が重要になります。それを順に書いていく必要があります。そのため、「肉」に当たる部分をたっぷり書いてから「ゆえに…」と、最後に「骨」に当たる結論を導き出す演繹的な書き方が多くなるのです。

　　A＝B　B＝C　ゆえにA＝C

という具合です。そのため、論文の書き出しに「はじめに」として、内容・論文の目的を明示することが多いのです。大学の講義で自己紹介を200字で書くという課題を出したことがあります。すると、

110

例3

　自己紹介を書くという課題が出たので、それについて書いていこうと思う。

　まず、自分の長所について述べていく。自分は小学校から野球を続けていたため、忍耐強くどんなことにも前向きに取り組むことができるのが長所である。**次に**自分の短所について述べる。忍耐強いがゆえに我慢をしすぎて突然、切れることがある。**以上のことから**、自分は忍耐強さを切れることなく、最後まで持続することが大事だと考える。

　以上、自己紹介を述べた。

という書き方が、結構な割合で出てくるのです。これで200字にはなっているのですが、ほとんど中身がありません。

「自己紹介を書くという課題が出たので、それについて書いていこうと思う」という、論文の「はじめに」を模した前置きから書き始めるのです。書籍や論文の「前書き」のように本文を書くにあたっての目的やその内容を案内するものではありません。与えられた課題が何であるかについて書かれているだけです。「前書き」ではなく「前置き」なのです。

そして「まず、自分の長所について述べていく」「次に自分の短所について述べる」「以上のことから」として、最後に「以上、自己紹介を述べた」を結びとしています。

論文の書き方を教わった影響があるのかもしれません。論文には論文の書式があるので、それに沿って書くことは必要だと思います。しかし、一つひとつ前置きを書いていくため、内容

に割く字数が減ります。具体的なエピソードに触れることもなく、結局伝えるべき内容がほとんどないまま、字数合わせだけの文章が仕上がってしまうのです。

極端な例だと思われるかもしれません。しかし業務連絡や企画書など、一般的な文章でも、結論に至るまで延々と経過を書いて、結局何が言いたいのかが読み手に伝わらず、気持ちを動かすことができないことが多いのです。つまり文章が情報になりきれないのです。

発想を逆転して、

　A = C だ。なぜなら、A = B、B = C だからである。

という具合に結論を先に提示すれば、何について書くのかをあらかじめ頭に入れておくことができます。結論が文章全体のガイドとなり、概略を「はじめに」という形で示す必要もなくなります。

〇〇というと△△を思い出す

注意ポイント

前置きは不要。伝えたいところから書く

「骨」を書いて「肉」をつけるとはいえ、すぐに本論に入れない。意識を変えることは難しいのかもしれません。その原因になっているのが前置きです。まずは、これを書かないようにすることを心がけます。これがポイントの一つです。

例4

　お弁当というと、登山遠足で母がつくってくれた**いなり寿司**を思い出す。母は前日の夜から油揚げを甘辛のたれで

煮込んで下ごしらえをする。そして朝暗いうちに起きて、シイタケやタケノコが入った酢飯をつくり、下ごしらえした油揚げにつめるのだ。30年以上前の小学1年生のときのことだ。登山遠足で山頂に着くとお弁当を広げる。疲れた体に、いなり寿司の優しい甘さが満ちてくるのだった。（178字）

書き出しの「お弁当というと、登山遠足で母がつくってくれたいなり寿司を思い出す」が、前置きです。「お弁当」というお題を出すと「お弁当というと～を思い出す」と書いてしまうのです。「春」というお題だと「春というと、満開の桜を思い出す」と書き、「冬」なら「冬というと、雪が降り積もるふるさとの情景を思い出す」などのように、何にでも使えるのです。

「○○というと△△を思い出す」という前置きのパターンが実に多いのです。しかし、文章はほとんどの場合、何かを「思い出す」から書くのです。自明のことを限られた字数のなかで、あえて書く必要はありません。

例4で、一番言いたいことが「小学1年の登山遠足で食べた母のいなり寿司がおいしかったこと」であれば、それをまず文の前に出すようにします。その後に、母がつくってくれた様子などの「説明＝肉」を付け加えていけばいいのです。以上を踏まえて書き換えてみます。

改善 **例4**

小学1年の登山遠足。山頂に着いてお弁当を広げる。疲れた体にいなり寿司の優しい甘さが満ちる。母は、前の晩

から油揚げを甘辛のたれで煮込む。当日暗いうちに起きて、シイタケやタケノコが入った酢飯をつくり、その油揚げにつめる。30年以上前のことだ。(116字)

　書き出しの三つの文で、伝えるべき「骨」の部分を言い切ります。

　　・**小学1年の登山遠足。**

　　・**山頂に着いてお弁当を広げる。**

　　・**疲れた体にいなり寿司の優しい甘さが満ちる。**

といった具合に、短い文を重ねます。ここには、何も難しい言い回しや複雑な修飾もありません。それでも、山頂でお弁当を広げた情景は伝わるのではないでしょうか。

　その後に、次に母がつくってくれた「説明＝肉」を記すという流れで組み立てます。ここもできるだけ簡潔に書くように意識します。「肉」に当たる部分を抜粋します。

例4

　母は前日の夜から油揚げを甘辛のたれで煮込んで下ごしらえをする。そして朝暗いうちに起きて、シイタケやタケノコが入った酢飯をつくり、下ごしらえした油揚げにつめるのだ。

改善　例4

　母は、**前の晩から**油揚げを甘辛のたれで**煮込む。当日暗いうちに起きて、**シイタケやタケノコが入った酢飯をつくり、**その油揚げ**につめる。

＃１．「前日の夜から」⇨「前の晩から」

＃２．「煮込んで下ごしらえする」⇨「煮込む」

＃３．「そして朝暗いうちに起きて」⇨「当日暗いうちに
　　　起きて」

＃４．「下ごしらえした油揚に」⇨「その油揚に」

　矢印の左が例、右が改善例です。

　＃１は「前日の夜」を「前の晩」とします。先に登山遠足で
お弁当を広げたことが書かれているので、「前日の」としなく
てもわかるからです。

　＃２は「油揚を甘辛のたれで煮込む」のはこの場合、下ごし
らえに決まっているので、省略します。

　＃３は「そして朝」という接続詞を省略し、「当日」とします。
接続詞は前後の文の関係を明らかにする作用があります。しか
しこの場合、前の文に「前の晩から」とあり、それを受けて「当
日」とします。その後の「暗いうちに」は文章の流れから「夜」
だということにはなりません。

　＃４は「下ごしらえ」を「その」という指示語に委ねます。
例４では＃２と＃４に「下ごしらえ」ということばが２度使わ
れています。改善例４では、そのことばをすべて省略しました。

　言わずもがなの部分は極力削って、一つひとつのことばを研
ぎ澄ませていきます。いわば、吟醸酒を造る際に極限まで酒米
を削るというイメージです。

　30年ぶりの同窓会などの記念文集なら、改善例４にある最後
の一文「30年以上前のことだ」は、周知のことなので省いても
問題ありません。

176字の文章が116字となり、60字ほど削ることができました。これでも伝えるべきことは、しっかり書き込まれています。不要なことばを削ることによって、60字の余裕が生まれたのです。この字数を使って、母の思い出なり登山遠足の思い出なりをもっと具体的に書き加えれば、より内容の濃い文章にすることができます。

　一番伝えたい「骨」の部分を前に出すことにより文章の無駄が省け、余裕が持てた分でより詳しい内容に作り変えることができます。つまり、同じ字数でも情報量に差が出てくるのです。

注意ポイント ～ではないだろうか
書き出しは言い切る

　次にポイントの二つ目です。書き出しに困るという方のほとんどは、言い切ることにためらいがあるからです。それで、「○○といえば△△である」という前置きから書き始めるのです。同じように、「～ではないだろうか」という問いかけから書き出す場合も多いのです。書き出しは特に重要です。最初の３行が前置きだと、そこで読み手の気持ちが削がれてしまいます。

　例5を見ていきます。

例5

　ⅰ．誰にでも得意なことと不得意なことがあるのではないだろうか。

　ⅱ．私は短距離走はそこそこ速いので、得意な部類にあたると思っている。

iii．だから、逃げ足も速いんだと冗談を言ったりすること
　　もある。

iv．でも、長距離は不得意中の不得意で、長い時間走り続
　　けるなんて考えただけでも、逃げ出したくなるほど不
　　得意だ。

　文章はしっかり言い切ることが大切です。自信のない文章を
読まされることほど、読み手が不安になることはありません。
ⅰ〜ⅳを確認していきます。

　　ⅰ．誰にでも得意なことと不得意なことがあるのではない
　　　だろうか。

　あまりに当たり前のことを書いているため、読み手に「〜な
いだろうか」と問いかける意味が見いだせません。むしろ「何
をそんなに勿体をつけた言い方をしているのか」という、読み
手の軽い反発が出てくるかもしれません。そうなると、もう次
を読む気が失せてしまいます。

　　ⅱ．私は短距離走はそこそこ速いので、得意な部類にあた
　　　ると思っている。

　「そこそこ速い」のであって決して「速いわけではないんだ」
と、次につなぐ理由の弱さが出ています。さらに「速いので」
と、理由を意味する接続助詞「ので」を使って文をつなげてい
ます。次も「得意だ」とせずに「得意な部類にあたると思って
いる」と、逃げ腰になっています。読み手としては、何重にも
予防線を引かれているように感じるのです。

　　ⅲ．だから、逃げ足も速いんだと冗談を言ったりすること
　　　もある。

書き手の照れがにじみます。「冗談を言う」ではなく「冗談を言ったりする」と書いてあるからです。「たり」は、同じような動作や状態を並べるときに使われます。読み手からすると、落ち着かない気分になるのです。素人が照れながらお笑い芸をするときに観客が感じるおもはゆさにも似ています。

　　iv．でも、長距離は不得意中の不得意で、長い時間走り続けるなんて考えただけでも、逃げ出したくなるほど不得意だ。

　接続助詞「で」を使ったため「不得意中の不得意で〜不得意だ」という構造になっています。同じことばを３回も使うことになったのは、文の構造に無理が生じていると言うことです。

　きっちりと言い切るように書き直します。

改善　例5

　　i．得手不得手は誰にでもある。
　　ii．私は、短距離走は比較的得意だ。逃げ足も速い。
　　iii．けれど長距離は駄目だ。不得手である前に、長時間走り続ける根性がない。

　すべて言い切って、テンポのいい文章の流れに読み手を乗せます。すると、読み手に迷いが生じません。

　i．「得意なことと不得意なこと」を「得手不得手」と畳み込んで、「誰にでもある」と言い切ります。これに異議を唱える読み手はいないはずです。

　ii．「私は、短距離走は比較的得意だ」と短く、これも言い切ります。続けて「逃げ足も速い」と冗談を嚙ませても違和感

がなくなります。それは言い切った形で短い文を重ねていくからです。言い訳めいた遠回りをしていないので、リズムに乗って読めるのです。

ⅲ.「けれど」という逆接の接続詞で、ここまでの流れをいったん断ち切り「長距離は駄目だ」とします。ここで「長距離は不得手だ」ではなく「駄目だ」としました。

ここで「得手不得手の話ではないのか？」と、読み手は思考のギャップに陥ります。畳み掛けるように「不得手である前に、長時間走り続ける根性がない」というところで書き手の企みを嗅ぎ取るのです。「逃げ足も速い」という人を喰ったような部分も、ここにつながる導線として理解されます。ここからどう展開されるのか、読み手の気持ちを誘うことができるのです。

ルール4

キーフレーズ、キーワードは独立させる

次に、文章を際立たせるキーフレーズ、キーワードについて、考えていきます。これらは、会話のなかに潜んでいることが多いため、案外気付きにくいのです。会話のなかのことばは、頭で考えたものではありません。直接聞いて心に刺さったことばを見落とさず、うまく拾っていくと文章が生き生きとし、読み手の心をつかむことができます。

例6

　口が重く、人見知りも激しい息子は、近所の人に声をかけられるだけで固まってしまう。保育園も入園当初はなか

なかなじめず、お迎えにいくといつもべそをかいていた。このまま通い続けられるだろうかと、ずっと心配していた。

ところが、先生やお友達が優しく接してくれたおかげで、次第に息子も保育園に行くのを楽しみにするようになった。

卒園の日、息子は「保育園、楽しかったね。小学校楽しみだなあ」と言った。こんな日が来るとは、入園時には想像もつかなかった。○○保育園、ありがとう。

微笑ましい文章だと思います。これはこれで、記念に残るいい文章です。その上で、注意ワード「ありがとう」を考えてみたいのです。

注意ワード **ありがとう**
背景にある理由を書く

よく「ありがとう」ということばで文章の締めくくるケースを見かけます。それ自体、悪いものではありません。自分の句集を出し、そのあとがきに「俳句よ、ありがとう」と書くのは、紛れもなく筆者の思いに他なりません。ですから、頭ごなしに「ありがとう」を書いてはいけない、などと否定するつもりはありません。

ただ、往々にして「ありがとう」ということばに安住しがちなのです。そのため、本文のなかで素敵なことばを紡いでいるのに、気付かない場合があるのです。

例6では、息子が話した「保育園、楽しかったね。小学校楽しみだなあ」ということばが、それです。口が重く、人見知り

も激しい息子が徐々に保育園に馴染んで、卒園の日に、こうしたことばを発したのです。これこそが、「ありがとう」ということば以上のことばです。これを独立させます。

改善 例6

　口が重く、人見知りも激しい息子は、近所の人に声をかけられるだけで固まってしまう。保育園も入園当初はなかなかなじめず、お迎えにいくといつもべそをかいていた。このまま通い続けられるだろうかと、ずっと心配していた。
　ところが、先生やお友達が優しく接してくれたおかげで、次第に息子も保育園に行くのを楽しみにするようになった。
　「保育園、楽しかったね。小学校楽しみだなあ」。卒園の日、息子は言った。

例6は

　卒園の日、息子は「保育園、楽しかったね。小学校楽しみだなあ」と言った。

改善例6は

　「保育園、楽しかったね。小学校楽しみだなあ」。卒園の日、息子は言った。

となっています。**例6**は息子のことばが文のなかに織り込まれています。一方、**改善例6**では息子のことばが、独立しています。視覚的な効果だけでなく、ことばが一つの文となっているので強調されるのです。すべての文がこのことばに集約され、印象が強くなります。
　ことばを独立させると、また新しい書き方もできます。これ

を冒頭に持っていくのです。伝えたいことをできるだけ前に持っていく手法です。

改善 例6−2 ─────────────

　「保育園、楽しかったね。小学校楽しみだなあ」。卒園の日、息子は言った。

　口が重く、人見知りも激しい息子は、近所の人に声をかけられるだけで固まってしまう。保育園も入園当初はなかなかなじめず、お迎えにいくといつもべそをかいていた。このまま通い続けられるだろうかと、ずっと心配していた。

　ところが、先生やお友達が優しく接してくれたおかげで、次第に息子も保育園に行くのを楽しみにするようになった。

　乳歯の前歯が抜けた息子は背もぐっと伸びた。園庭の桜は、花芽がうっすら赤く膨らんでいた。

─────────────────────

　息子のことばを冒頭に持っていきました。すると、その後から始まる文がカットバックされた形として、生きてきます。さらに、最後に息子がたくましくなった様子や、園庭の桜の花芽の情景を書き加える余地が生まれます。ここに春への希望が見えてきます。

　「○○保育園、ありがとう」と書くよりも、より具体的な情景を書くことによって感情を読み手に伝えることができたのです。書き加えた部分は、

　＃1前歯が抜けた息子は背もぐっと伸びた

　＃2園庭の桜は花芽がうっすら赤く膨らんでいた

という客観的な事実しか描写していません。しかしスケッチ

するように、そのときの情景を書くと、読み手は文脈にのって自然に感情を生み出すのです。

そしてこれは、「最後の一文を削る」という意識を持つことでもあります。感情を表すことばは、感覚的で抽象度が高いのです。抽象度の高いことばは、読み手によって、解釈が異なる可能性が高くなります。そのため伝えたい内容が、ストレートに伝わらない場合も多くなりがちです。細部をきちんと書き込めれば、読み手が映像として文章を理解しやすくなります。そのため、書き手のイメージが伝えやすくなるのです。

高級ブランド店よりコンビニ 肉まんよりミルクレープ

動物園でライオンを見た話について、**例1**を演繹的、**改善例1-3**を帰納的と説明しました（→ P.102）。これについて説明します。

演繹的な書き方は、論理を固めながら展開し、結論は最後に示されます。これは高級ブランド店の販売方法に似ています。東京・銀座などにある高級ブランド店は、入り口に黒服のガードがいて一見の客は気楽に入れない雰囲気を醸しています。さらに高価な品は陳列しておらず、客の話を聞いてスタッフがバックヤードから出して商談を進めます。欲しい商品（結論）にたどり着くまでに時間がかかります。それを楽しめるような仕掛けが必要です。文章なら、結論までを読ませる相当の力量が

必要です。

　一方、帰納的な書き方はコンビニ店の販売方法に似ています。お茶なら売りたい商品を目立つ棚に並べます。そしてその周辺にさまざまなお茶（要素）を配置しているのです。文章で一番目立つ場所は、書き出しです。誰もがそこを目にするからです。文頭に伝えたいことを書いて、それに関する内容をつなげていけばいいので、僕たちにも書きやすい方法なのです。

　肉まんは具材が多く、味わいも複雑です。一方、ミルクレープは、薄い生地と生クリームが交互に重ねられ、シンプルながらおいしい。文をつくるときに、あれもこれもと一つの文に要素をぎっしり詰め込むと、肉まんの具のように内容を知るのが難しくわかりづらいのです。うまく書ければいいのですが、それも力量が必要です。

　それよりも、ミルクレープのように一つの要素で一つの文をつくって積み重ねて書けば、文章はわかりやすくなります。工夫次第で味わいも出せます。

　コンビニの棚とミルクレープ。これをイメージしながら、文章を書いてみてください。肩の力が抜けるはずです。

　第4章では、文は自在につくれることをお示ししました。第5章でも同様に、文章も自在に組み立てられることがご理解いただけたと思います。わかりやすい文章とは、簡潔な文をつないで、いかにディテールを書き込んでいくかということに尽き

るのです。本章の冒頭で示した四つの【**文章構造のルール**】は、読み手が具体的なイメージを持ちやすいようにするための方法論に他なりません。

　文章を直す場合も、具体的に書けているかどうかを確認してください。感情・感覚を表すことばが出てきたら、そのディテールを書くようにすればいいのです。

第**6**章

筆者、デスク・編集、校閲の視点から見た文章

具体的に流れを見てみよう

文章を書くときに、構成をしっかり決めてから始めるタイプと、そうした綿密な設計図を整えないタイプがあるようです。

　僕のかつての同僚は、新聞で使う用語を統括する仕事をしていました。数千人いる記者が自由勝手に漢字を使ったり、バラバラの表記をしたりすると、統一がとれず、読者が混乱します。記者が書く記事の表記にほとんどばらつきがないのは、こうした用語を日々確認しているからなのです。同僚は、表記の統一や用語の使い方などを文書にして社員に伝える役を担っていました。そのときに「こういう内容にしたいので、これとこれを説明しようと思う」と、構成を毎回報告してくれました。そして無駄のない、かっちりとまとまった文章を書くのです。

　僕はそういう設計図をつくることが得意ではありません。ある程度の材料が集まって、大体の方向性とキーワードがいくつか頭に浮かぶと、あまり深く考えずに書いていくのです。書き進めるうちに自然に材料とキーワードが結びついて、方向性が見えてくるという感じです。オチを考えることもないのですが、自然に収束していくことが多いのです。その代わり、食事をするときも、人と話をしているときも、テレビを見ている間も、いつもモヤーッと考えを巡らせています。

　どちらの書き方がいいのか、はわかりません。それぞれの思考パターンがあるのだろうと思うのです。

　ところが、たまに書きたいポイントがうまくつかめず、その周辺をぐるぐる回ってしまうことがあります。頭のなかで結びついているはずの材料とキーワードが、混線してしまって迷路からなかなか抜け出せなくなってしまうのです。こんなときは、

設計図が必要だなあと思うのです。

　実際に僕が、混線状態に陥ったときの文章を例にとって、筆者とデスク・編集、校閲の視点を見ていきたいと思います。

　2019年4月から2020年3月まで、僕は朝日新聞の夕刊に「あのとき」という連載を担当していました。戦後の流行語などを題材にした週1回のエッセイのようなものです。流行語の解説ではなく、その時代の「ことば」への思いを書いたものでした。

　ここで取り上げる原稿は、2019年12月7日付夕刊の「1981 MANZAI」です。1980年ころ、漫才ブームが起きました。在京のテレビ局と関西の芸能プロダクションの仕掛けで、関西の漫才がドッとテレビを席巻するようになりました。

　もちろんそれまでも、舞台中継のような形での漫才のテレビ番組はありました。そこには関西の漫才師も登場していました。しかし、80年代の漫才ブームは、テレビでショーアップされたもので、これまでのイメージが一新されたのです。

　下にあるのは、そうした背景をもとに書いた第1稿です。

①
　[い]子どものころは、日曜の昼に流れていたテレビ寄席を見るのが楽しみだった。◪

②
　[い]牧伸二がウクレレのメロディーにのせて「あ〜ああ、やんなっちゃった、あ〜あああ驚いた」と歌う漫談を、よくまねしていた。指をパチンとはじくポール牧や、医者にふんして少しエッチなネタを披露するケーシー高峰も僕のお気に入りだっ◪た。↵

③
　[い]素人参加の歌番組で「あなたのお名前なんてぇの」と、拍子木でリズムを取りながら、名前を聞くトニー谷。そろばんでリズムを取りながら話す、奇妙な英語混じりの台詞［せりふ］。そのリズムがおかしくて、僕はころころ笑ってしまうのだ。両親は「品がない」と怒るのだけれど。↵

129

④ 中学・高校時代に聞いた深夜放送。次第に、明け方にやる落語や講談に魅了された。落語の「紺屋高尾」や「お直し」などの人情話を、窓から差し込む薄明かりの中で聞いて、存在すら知らない郭【くるわ】の世界を夢見た。講談「川中島合戦」では、張り扇の勢いに乗せられて、武田信玄や上杉謙信の雄姿を想像した。🔁

⑤ 大学時代、テレビのモーニングショーのアルバイトに誘われたのは、漫才ブームの頃だった。朝の番組で披露される漫才を聞いて、大きな声で笑って拍手するのが仕事だった。リハーサルを含めて2時間、その場でもらえるバイト代は、まる一日肉体労働をするよりもよかった。❌

⑥ でも、漫才ブームで記憶に残った漫才師は少ない。早口でまくし立て、ギャグを連発しているようにしか思えなかった。流行語のようになったギャグもあったけれど、胸に響くものはほとんどない。毒舌と言われるものも、トニー谷より品がなかった。僕にとっては、漫才ブームは、ブームでしかなかった。

【署名】朝日新聞メディアプロダクション校閲事業部長【前田安正】

⑥でも、漫才ブームで記憶に残⋯

⋯⋯⋯⋯⋯⋯⋯⋯⋯⋯⋯⋯⋯⋯⋯⋯⋯⋯⋯⋯⋯⋯⋯⋯⋯⋯⋯⋯⋯⋯⋯⋯

便宜上、段落ごとに番号を振りました。

2019年11月29日18時14分に、原稿をプリントアウトしています。昼間は通常の業務をしています。基本的にはそれが一段落してから原稿を書くので、大体金曜の夕方から書き始めます。

水曜午後に編集作業があって、夕方が仮校了。そのため、遅くとも火曜には原稿をデスクに出すようにしていたのです。この日も金曜の夕方に原稿を書いていました。

　何だかまとまらないなあ、と思いながら書き進めていました。プリントしたものを読み返すと、まず、③の段落がひどすぎることに驚きます。

　　③　素人参加の歌番組で「あなたのお名前なんてぇの」と拍子木でリズムを取りながら、名前を聞くトニー谷。そろばんでリズムを取りながら話す、奇妙な英語混じりの台詞。そのリズムがおかしくて、僕はコロコロと笑ってしまうのだ。両親は「品がない」と怒るのだけれど。

　これだけの文章に「リズムを取りながら」が２カ所、「リズムがおかしくて」が１カ所と、同じことばを３回も使っています。同じことばを何回も使っているということは、考えがまとまっていない証拠です。まずこの部分を直します。

　取りあえず③－ｉのように直して、ことばのダブりを回避し

③－ｉ

③素人参加の歌番組で「素人参加の歌番組で、拍子木でリズムを取りながら」と「あなたのお名前なんてぇの」と「拍子木でリズムを取りながら、名前を聞いたはじいて、そろばんをギターのように、奇妙な英語混じりの台詞［せりふ］」を話したりするー谷。そろばんでリズムを取りながら話す、奇妙な英語混じりの台詞「せりふ」。なぜかツボにはまって、そのリズムがおかしくて、僕はころころ笑ってしまうのだ。両親は⊠「品がない」と怒るのだけれど。⊠

131

ました。次に気になったところが最後の段落⑥です。いわゆる
オチに持っていくところです。しかし、オチになっていないど
ころか、支離滅裂です。

　　⑥　でも、漫才ブームで記憶に残った漫才師は少ない。
　早口でまくし立て、ギャグを連発しているようにしか思え
　なかった。流行語のようになったギャグもあったけれど、
　胸に響くものはほとんどない。毒舌と言われるものも、ト
　ニー谷より品がなかった。僕にとっては、漫才ブームは、
　ブームでしかなかった。

「僕にとっては、漫才ブームは、ブームでしかなかった」。当
時感じた思いが、まったく言語化されていません。もう少し、
素直に書いてもいいのではないか、と修正します。

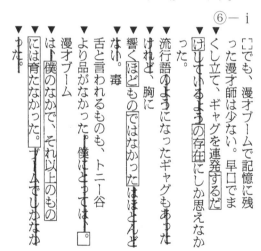

⑥—ⅰ

「」でも、漫才ブームで記憶に残った漫才師は少ない。早口でまくし立て、ギャグを連発するだけしているような存在にしか思えなかった。流行語のようになったギャグもあったけれど、胸に響くほどものではなかったはほとんどない。毒舌と言われるものも、トニー谷より品がなかった。僕にとっては漫才ブームは「僕のなかで、それ以上のものには育たなかった。ブームでしかなかった。

うーむ、これも違うなあ。いかんなあ、ことばが出てこない。
「漫才ブームは僕のなかで、それ以上のものには育たなかった」
って何を言いたいのだろう？　頭のなかがグルグル空回りして

132

いる感じです。

④の表現も気になります。本来は本文の最初から順に直していきます。しかしこのときは、気になるところがランダムに飛び込んできて、全体を俯瞰(ふかん)することができなかったのです。

④　中学・高校時代に聞いた深夜放送。次第に、明け方やる落語や講談に魅了された。

「講談に魅了された」という表現も、当時の僕の感覚から遠く、他人事のように思えます。そこで、

④ーｉ．中学・高校時代に聞いた深夜放送。次第に、明け方やる落語や講談にのめり込んだ。

と表現を変えました。ここまでの修正をした第2稿は、19時35分出力です。修正に1時間20分ほどかかっています。何かが抜けている感じがあるのに、それがつかめませんでした。これ以上は何も出てこないような気がしました。

これ以上考え続けても負のスパイラルに入るだけです。こういうときは、思い切って作業を終了し、いったん原稿から離れるようにします。とはいえ、土日も原稿のことが頭の隅でもやもやしているのですが…。

週が明けた月曜。出社途中の地下鉄のなかで、「あっ！」と小さく声を出してしまいました。金曜に書いた原稿には、大事

なことが二つ抜けていたのです。

　一つは、「漫才ブーム」について書いていたのに、原稿に登場している芸人は、一人芸の、いわゆる「ピン芸人」と呼ばれる人ばかりだったことです。子どものころに日曜寄席で見た、衝撃的な漫才師がいたのでした。その漫才師が僕のお笑いのベンチマークになっていたのに、すっかり抜け落ちていたのです。

　そして、二つ目が番組タイトルの変化です。それまでの寄席番組は、定式幕の黒・柿・萌黄の縦縞模様が基調になった配色がタイトルバックに使われていました。ところが、80年代の漫才ブームのときにブレイクしたテレビ番組のタイトルが「THE MANZAI」というローマ字表記だったことです。番組もすっかり垢抜けてスタイリッシュになっていたのです。ラスベガスのショーを見るようにきらびやかでした。

　人の営みの泥臭い部分や陰の部分を笑いにする漫才が、きらびやかな画面のなかで、毒舌やギャグの部分だけが棘のように刺さってくる感じがしました。MANZAIというローマ字表記にその感覚が象徴されているように思え、得も言われぬ違和感を持ったのでした。

　この2点が、この原稿を書こうとしていたポイントだったのです。それなのに、なぜ頭から飛んでいたのか、いまでもよくわかりません。とはいえ、地下鉄のなかで、頭上にある天井が抜け、混線していた糸がスルスルッとほどけた感じがしました。

　この日も部会など、通常の仕事が終わってから原稿の手直しに入りました。まずは、漫才の話を入れるためのスペースを確保しなくてはなりません。削る箇所を定めます。

②に書かれているポール牧と、ケーシー高峰のくだりを削って、横山やすし・西川きよしの漫才コンビの話（Z）を挿入します。

しかし、「口をあんぐりさせて聞いていた」「他を圧倒するすさまじさ」「一線を画していた」という定形句が気になります。

ラジオではなかったので「口をあんぐりさせて聞いていた」は、テレビを「見ていた」様子を書くべきだろうと思いました。「他を圧倒するすさまじさ」も上滑りな表現です。どこまでが台本通りで、どこからがアドリブなのかがわからないボーダレスなことばの行き

②－i

を、よくまねしていた。指をパチンとはじくポール牧や、医者はよんじて少しエッチなネタを披露するケーシー高峰も僕のお気に入りだった↵

z

［：］横山やすし・西川きよしの漫才は、息つく間もない掛け合いのスピードと展開に、口をあんぐりさせて聞いていた↵■、いま見ても他を圧倒するすさまじさ×だ。それまでのゆったりした漫才とは一線を画していた。

z－i

［：］横山やすし・西川きよしの漫才を初めて見たときは、■テレビから目を離すことができなかった。■息つく間もない掛け合いのスピードと展開に、口をあんぐりませて聞いていた■。■いまそれまでの漫才とはまったく違う種類のものだった。■見ても他を圧倒するすさまじまだ。それまでのゆったりした漫才をは一線を画していた。■やすきよ」を超える漫才にいまだ出会っていない。↵

来がこれまでとは、違っていたのです。それが魅力の漫才です。「一線を画していた」とは、どういうことなのかをもっと書き込まなくては、という反省も残っています。それでも、これでことばが少し身近になりました。再び、①と修正を加えた②－ｉを振り返ってみます。

　字数を整えるために、①を少し削り、①－ｉのようにします。②－ｉを改行しないでつなげ、整えます。

②－ｉで書き加えた「よくまねをしていた」という部分は、「学校でまねをしていたこと」そして「先生によく注意されたこと」などを書き加えました。テレビではやったギャグを教室でまねるお調子者は、クラスに２、３人いたものです。

　僕もその一人でした。「ああ、いたいた、こういうお調子者」。狙って書いたわけではありません。しかし読み手にこんな共通の感覚を持ってもらえると、文章がぐっと身近になるはずです。

　次に④を見ていきます。

①
「子どものころは、日曜の昼に流れる

①－ｉ
いたのテレビ寄席を見るのが楽しみだった。牧信二がウクレレのメロディーにのせて「あ〜ああ、やんなっちゃった、あ〜ああ驚いた」と歌う漫談を、学校でよくまね

②－ｉ
た。⏎
をして「先生にいたいよく注意され✗

④─ⅰ
▼□「中学・高校時代は、毎日のよう
に聞いた深夜放送。次第に、明
け方にゆる流れていた落語や講談にの
めり
込んだ。 落語の「紺屋紺屋 [こうや]」
▼
高尾」や
「お直し」などの人情話を、窓
から差し込む薄明かりの中で聞
いて、存在すら知らない郭 [くるわ]
の世
界を想像するのだった。 夢見た。講
▼
談―「川中島合戦」では、張り扇の勢い
▼
に乗せられて、武田信玄や上杉謙信の
▼
雄姿を想像した。↵

　ここも落語や講談という一人芸の世界を書いています。字数を調整するため、ジャンルが異なる講談の部分を削り、整えます（④─ⅰ）。

　さらに、締めくくりに当たる⑤と⑥─ⅰの部分も修正します。
　⑤（→ *p*.130）に漫才が MANZAI とローマ字表記になったことを加えます。字数が増えるので「大学時代、」「その場でもらえる」を削ります。月給制だと支給日までのやり繰りが厳しい貧乏学生には、アルバイト代をその場でもらえる、というのも魅力だったのです。個人商店で働くと、よく前貸ししてくれたこともありました。そうした思いもあって書いたのですが、詳しく説明しないと読者にはわからない話です。全体の流れのなかでは、不要な数文字になります。そうしてまとめたのが⑤─ⅰです。
　⑥─ⅰ（→ *p*.132）の「流行語になったギャグも、胸に響く

ほどのものではなかった」「漫才ブームは僕のなかで、それ以上のものには育たなかった」という気持ちが先行して、ことばが走っているところを整えます。ギャグと言われるフレーズや仕草は、笑いをつかむものです。「胸に響く」という大げさな表現は不要でした。⑥－iiのように整理します。

⑥－ii

⑤－i

［大学時代、テレビのモーニングショーのアルバイトに誘われたのは、漫才ブームの頃だった。］漫

才はMANZAIとローマ字で表記された。朝の番組で披露される漫才を聞いて、大きな声で笑って拍手するうだけ仕事。リハーサルを含めて2時間、その場でもらえるバイト代は、まる一日肉体労働をするよりもよかった。

［でも、漫才ブームで記憶に残った漫才師は少ない。早口でまくし立て、ギャグを連発するだけの存在にしか思えなかった。流行語になったギャグも、胸に響くほどのものではなかった。毒舌と言われるものも、トニー谷より品がなかった。MANZAIに姿を変えた漫才漫才は、ブームはもや僕のなかで心から楽しめる存在ではなくなっていた。］それ以上のものには育たなかった。

漫才が好きだという当時の僕にとって、それを何かに役立てようとか、それをきっかけに何かしようというものではありませんでした。そんな才能もありません。だから最後の「それ以上のものには育たなかった」という言い方は、自分の気持ちとはかけ離れています。身の丈に合わない大きなサイズのジャケットを羽織っている感じです。

とはいえ「漫才ブームはブームでしかなかった」⇨「漫才ブームは僕のなかで、それ以上のものには育たなかった」と書きあぐねていた部分でした。「心から楽しめる存在ではなくなっていた」は、締めの文としては、ありきたりでうまいオチには

なっていません。しかし MANZAI というキーワードが見つかったおかげで、気持ちとことばが寄り付いた感じで素直に着地することができました。

　一通り、文章を整理できたので、改めて全文を通してみます。

　（①−ⅰ）＋（②−ⅰ）．子どものころは、日曜昼のテレビ寄席を見るのが楽しみだった。牧信二がウクレレのメロディーにのせて「あ〜ああ、やんなっちゃった、あ〜あああ驚いた」と歌う漫談を、学校でまねをして、先生によく注意された。

　ｚ−ⅰ．横山やすし・西川きよしの漫才を初めて見たときは、テレビから目を離すことができなかった。息つく間もない掛け合いのスピードと展開、それまでの漫才とはまったく違う種類のものだった。「やすきよ」を超える漫才にいまだ出会っていない。

　③−ⅰ．素人参加の歌番組で、拍子木でリズムを取りながら「あなたのお名前なんてぇの」と聞いたり、そろばんをギターのようにはじいて、奇妙な英語混じりの台詞を話したりするトニー谷。なぜかツボにはまって僕はコロコロと笑ってしまう。両親は「品がない」と怒るのだけれど。

　④−ⅰ．中学・高校時代、毎日のように聞いた深夜放送。次第に、明け方流れていた落語にのめり込んだ。落語の「紺屋高尾」や「お直し」などの人情話を、窓から差し込む薄明かりの中で聞いて、存在すら知らない郭の世界を想像するのだった。

　⑤−ⅰ．テレビのモーニングショーのアルバイトに誘わ

れたのは、漫才ブームの頃。漫才はMANZAIとローマ字で表記された。朝の番組で披露される漫才を聞いて、大きな声で笑うだけ。リハーサルを含めて2時間、バイト代は、まる一日、肉体労働をするよりもよかった。

　⑥−ⅱ．でも、漫才ブームで記憶に残った漫才師は少ない。早口でまくし立て、ギャグを連発するだけの存在にしか思えなかった。毒舌と言われるものも、トニー谷より品がなかった。MANZAIに姿を変えた漫才は、もはや僕のなかで心から楽しめるものではなくなっていた。

　これが第3稿。これをプリントアウトした時間は16時54分。途中、他の仕事も入ったりしましたが、修正には1時間半ほどを費やしています。段落を表した①〜⑥、追加挿入のZの後についているⅰ、ⅱという枝番は、修正の回数です。推敲というにはお粗末ですが、無修正で終わった段落がありません。ここまで手を加えることはまれなことでした。何を書きたいのか、が曖昧なまま書き出したことがつまずきの原因です。

　これを担当デスクに渡します。デスクが読んで、リリースされたのが17時39分です。リリースされると、校閲や編集などの関係部署に原稿が一斉に流れます。それぞれの見地から原稿が点検されます。

　担当デスクから2点、確認の連絡がありました。
　一つは、「あ〜ああ、やんなっちゃった、あ〜あああ驚いた」についてでした。
　自分の携帯デジタルプレーヤーで聞いたのだが、「あ〜ああ

ん」と最後に「ん」が入っているようだ、というのです。担当デスクはサブカルチャーにも強いことは知っていました。しかし、まさかこれを携帯デジタルプレーヤーに入れているとは、驚きです。僕も改めてネットなどで音源を聞いてみたのですが、少し鼻にかかったような感じで最後に「ん」が入っているようでもあるし、そうでもないような気もします。ここは文字表記としては許容ではないか、ということで決着しました。

もう一つは「**あなたのお名前なんてぇの**」は「**あんたのお名前なんてぇの**」じゃないかという指摘です。デジタルプレーヤーで聞くとそう聞こえると言うのです。これについては「ジス イズ・ミスター・トニー谷」というCDが出ていることは調べていたのですが、しっかり確認していませんでした。

そこで、ネットで探し出したCDを再度点検しました。すると、CDの裏側に「**あんたのおなまえ何ァんてェの**」というタイトルがあったのです。「あんた」になっています。さらにCDのなかに入っている歌詞などを確認します。

すると、歌詞の部分には「**あんたのおなまえなんてぇの**」とあり全部ひらがなです。「何ァんてェの」と書かれたCD裏側の表記と異なります。さらに「歌手：トニー谷、作詞：青島幸男、作曲：赤星建彦」とあります。あれ？　作詞はトニー谷ではなく、元都知事で作家の青島幸男です。歌っているのはトニー谷なのですが、「あんた」の箇所はトニー谷ではなく、バックで女声コーラスが歌っているのです。何とも悩ましい。

有名なフレーズなので、トニー谷の評伝のようなものがあれば触れられているはずだと思い、調べました。すると村松友視

が『トニー谷、ざんす』（毎日新聞社）という本を出していることがわかりました。古書を頼んでいる時間はありません。そこで図書館を検索しました。すると、東京都立図書館に1冊あることがわかりました。すぐに予約を入れて、翌日開館と同時に調べに行きました。

すると38ページに「**あなたのお名前何てぇの**」、185ページに「**あなたのお名前なんてぇの**」とありました。「何てぇの」「なんてぇの」に表記の違いはありますが、「あなた」では一致しています。これで表記の裏付けとすることができました。本当は、もう一つくらい参考になるものを確認したいところです。しかしCDと書籍を調べ、総合的に判断した結果として原文通りでOKとしました。

出版物での確認は貴重です。音声だと「どう聞こえるか」という感覚で判断しなくてはなりません。しかし、活字として記載されていれば、客観的な判断材料となります。

校閲からも、指摘をもらいました。
1．「牧信二」は「牧伸二」ではないか。
2．「奇妙な英語混じり」は、会社の取り決めでは「奇妙な英語交じり」。
3．「人情話」は、落語なので「人情噺」として「ばなし」をルビ付きにしてはどうか。
4．「存在すら知らない郭の世界」とあるが、存在は知っているのではないか。

というものでした。1から4まですべて指摘どおりです。ただ2の「奇妙な英語交じり」と表記するのがいまひとつ好きで

はなかったので、「奇妙な英語まじり」としました。

4については「見たこともない郭の世界」と修正しました。

これとともに⑤-iの

「リハーサルを含めて2時間、バイト代は、まる一日〜」

の「2時間、」の読点「、」を句点「。」にして、文を分ける
ことにしました。

これらをまとめて、修正しました。

ところが句点にすると、リハーサルの2時間とそれに対する
バイト代であることが、すっとわからないような気がしました。

そこで、再度「リハーサルを含めて2時間のバイト代は、ま
る一日〜」と修正し、これで校了です。プリントアウトの時間
は、12月2日18時5分です。

これが定形のボックスに収められて、紙面に載りました。とこ
ろが、紙面を見て「ありゃー」と思ったのです。4段落目、

　　**次第に、明け方に流れていた落語にのめり込んだ。落語
　　の「紺屋高尾」や「お直し」などの人情噺を〜**

のところに、落語が2カ所もあったのです。前段で「落語に
のめり込んだ」とあるので、後ろの「落語の」は自明でした。
当初は

　　次第に、明け方にやる落語や講談にのめり込んだ。

としていたので、落語と講談を明記する必要があったのです。
ところが講談のくだりを削ったので、「落語」ということばは、
最初に一つあればじゅうぶんでした。間違いではないのですが、
気になるところです。修正が多すぎて、細部にまで目が通らな

1981

MANZAI

あ
の
と
き

子どものころは、日曜昼のテレビ寄席を見るのが楽しみだった。牧伸二がウクレレのメロディーにのせて「あ〜ああ、やんなっちゃった、あ〜ああああ驚いた」と歌う漫談を、学校でまねをして、先生によく注意された。

横山やすし・西川きよしの漫才を初めて見たときは、テレビから目を離すことができなかった。息つく間もない掛け合いのスピードと展開、それまでの漫才とはまったく違う種類のものだった。「やすしよ」を超える漫才にいまだ出会っていない。

素人参加の歌番組で、拍子木でリズムを取りながら「あなた

のお名前なんてぇの」と聞いたり、そろばんをギターのようにはじいて、奇妙な英語まじりの台詞を話したりするトニー谷。なぜかツボにはまって僕はコロコロと笑ってしまう。両親は「品がない」と怒るのだけれど。

中学・高校時代、毎日のように聞いた深夜放送。次第に、明くし立て、ギャグを連発するだけの存在にしか思えなかった落語にのめり込んだ。落語の「紺屋高尾」や「お直し」などの人情噺を、窓から差し込む薄明かりの中で聞いて、見たこともない郭の世界を想像するのだった。

テレビのモーニングショーのアルバイトに誘われたのは、漫

オブームの頃。漫才はMANZAIとローマ字で表記された。漫才を聞いても、大きな声で笑う漫才を聞いても、大きな声で笑うだけ。リハーサルを含めて2時間のバイト代は、まる一日、肉体労働をするよりもよかった。

でも、漫才ブームで記憶に残った漫才師は少ない。早口でまくし立て、ギャグを連発するだけの存在にしか思えなかった。トニー谷より品がなかった。MANZAIに姿を変えた漫才は、もはや僕のなかで心から楽しめる存在ではなくなっていた。

（朝日新聞メディアプロダクション
校閲事業部長　前田安正）

◆時代を切り取った写真を振り返り、時代を象徴した「ことば」への思いをつづります。

かったのです。

　残念で、しょげていました。ところが、これを読んだ大阪の読者から、漫才についての思い出と嬉しい感想を便箋に3枚ほど綴ったお手紙を頂戴しました。他にも励ましのメールが届きました。ようやくホッとできました。

　僕は、デスクや校閲・編集部門から指摘があったものは、基本的に修正するようにしています。どんな些細なことでも、細かいニュアンスの指摘であっても、受け入れます。それは読み手を代表したものだと思うからです。掲載していた夕刊には200万ほどの読者がいます。社内の一人が持つ違和感は、その先にいる数万の読者の違和感を代表しているとも言えます。

　ですから、読者の方からいただいた1通の「よかった」という手紙も、数万人の声の代表と思い、励みにできるのです。

　自分の原稿は、自分では校閲できません。原稿を読んでもらうのは恥ずかしいと思う気持ちもわかります。どんなことであれ、指摘されると人格を否定されたような気分になることも理解できます。しかし、客観的に読んで指摘をもらえるということは、書き手にとって文章をより深化させるチャンスになります。それはとてもぜいたくなことだと思うのです。

ことばと
予防的品質管理

　僕は、校閲に携わる者はことばの専門家であるべきだと思っています。それは、単に文法に詳しいとか語彙が豊富だということでなく、現在流通していることばを通して、社会の動きをウォッチすることだと考えているからです。

　ジャーナリストということばが校閲者にピタッと当てはまるかどうかは別にしても、ジャーナリスティックな視点でことばに接する必要があると思っています。これは新聞に限らず、書籍、雑誌、ネットメディアなども含めてのことです。時代とともに変化することばを見極めながら文章を点検していく必要があると思うのです。

　辞書にもさまざまな編集方針があります。できるだけ最新のことばを採用し、語釈（ことばの解釈・解説）に独自色を出すものもあれば、そういうことばの採用に慎重な辞書もあります。
　どんな辞書であれ語釈を載せるということは、結果的にことばに一定の枠をはめることになります。枠をはめれば枠からはみ出すものが必ず出てきます。辞書はそこを追い切れません。それは時代を追い切れないということでもあります。そのためにもジャーナリスティックな視点で辞書を批判的に読む力が必要です。

　非言語表現も含め、ことばは必ず社会状況が投影され、その社会に生きる個人の思いが反映されます。表現のありようと意味するものは、辞書の解釈から漏れたところにも存在しています。それを常に意識している必要があるからです。

「校閲は間違い探しをする仕事だ」と、よく説明されます。しかし、これが校閲の仕事を言い表しているわけではありません。

　校閲は誤字・脱字・衍字（余分な字）を確認し、用字用語・ことばの意味を確認し、表記ルール、スタイルに沿っているかを確認し、事実関係やデータに誤りや矛盾がないかを確認し、文章にわかりにくい部分がないかを確認し、人を傷つけたりする表現がないかを確認します。紙面（誌面）が組み上がったら原稿の削り方が間違っていないかを確認し、見出しを確認し、写真の内容やキャプション、トリミングなども確認します。

　ことばが本当に情報として機能しているのかどうか、校閲として携わる人は、意識しなくてはなりません。伝えるための道具としてことばが生きているかどうかを、この時代に生きる者として、可能な限り検証する必要があると思います。

　そのうえで、原稿（テキスト）の段階から、製品として整えられたゲラまでのすべてを確認する作業を、校閲というのです。間違いの指摘は、その結果の一つにすぎません。原稿に間違いの指摘がなければ、校閲として OK の判を押したことになるのです。

　言い換えれば、校閲はことばを通して品質管理を担っていると言えます。僕は「校閲は予防的品質管理部門」だと言ってきました。大きな誤りを出さないよう製品として世に出る前に、可能な限り確認作業をすること。ここに校閲の価値を見いだすべきだと考えたからです。

　「正確さ」は、メディアにおけるブランド価値の一つです。紙であれ、ネットであれ正確さをないがしろにした情報は、その価値を失います。「予防的品質管理」は、そのブランド価値を守るためのものだと確信しています。そして、そのもとにあるものが、「ことばの信頼」だと思うのです。

コラム
3

147

文章を点検する際のポイント

普段のことばに注目

言語環境は地域や世代などで異なります。いわゆる標準語とされることばのなかから消えたものが、地方のことば（方言）のなかに生きていることがあります。女子高校生を中心とした俗語がJK（女子高校生）語などと言われるように、若い世代のことばに独特の感性を見ることができます。ところが、生活のなかで使っていることばについて、僕たちはさほど意識していません。一つひとつ辞書を調べて確認することも、まずありません。

　たとえば「責任転嫁」ということばに、なぜ「嫁」という漢字が使われているのかを調べることはまずありません。国語辞典を引いてもこれに言及しているものはほとんどありません。漢和辞典を引くと「嫁」には「かずける」という意味があることがわかります。「かずける」は「被ける」と書きます。「嫁」は「よめ」という意味の他にも「嫌がるものを押しつける」「被る」という意味があるのです。こうしたことがわかると「責任転嫁」が責任を他人になすりつけ負わせるという意味になることが理解できます。

　「かずける」ということばは、いわゆる標準語のなかでほとんど使われることはありません。ところが「かつける」「かんずける」などにも変化して、東北や北関東を中心に方言として残っているのです。この話をセミナーで話したところ、秋田出身の方が「子どものころからかずけるを使っていたが、嫁にそういう意味があるとは知らなかった」と驚いていました。どういうシチュエーションでどういうことばを使うのかは、生活の

なかで理解していきます。しかし、ことばの意味まで深く考えるということは、まずありません。コミュニケーションが取れていれば、そもそも考える必要がないのです。

　こんな具合に、地域や世代、家族、仲間というグループの言語環境のなかで使われていることばは、生活言語としてその人の「標準語」となります。

　社会に出ると、所属する組織や業界で使われている共通言語（業界用語）を自然に身につけていきます。それは社会的生活言語としての「標準語」となります。主にアメリカから入ってくるマーケティング用語などが、独自の和製英語となって使われたり、ある研究分野で流通していることばが、他の研究分野での解釈と異なったりします。そうしたことばが組織や業界独特の「方言」だと認識することはありません。組織や業界のなかで通用する「標準語」が「方言」となっていることに気付かないこともあります。そのため一般的な解釈と差異が生まれ、理解されない事態を招くことにもなります。

　SNSなどで使われることばは、話しことばがもとになっているものを書きことばに移している場合が多いのです。それは、省略されたことば遣いであったり、仲間内のみで通用することばであったりします。これ

までの話しことばとは異なる「チャットことば」として新しい「方言」を生み出しているようです。そしてネット環境のなかで瞬く間に広がり、その世界の住人の「標準語」となります。「標準語」となった「チャットことば」は、その住人以外の人たちに発信する書きことばとしても使われるようになります。

　本来ならば、話しことば、チャットことば、書きことばの違いを理解して、状況に応じて使い分ける必要があります。しかし「標準語」となったことばは、話しことば、チャットことば、書きことばの区別なく使われるケースが出て、それぞれが自由に行き来するようになるのです。

　それが世代による言語感覚の誤差を生み、双方がうまくコミュニケーションを取れない事態に陥ります。この章では、いわゆる慣用句の誤用を指摘するというより、曖昧に使われていることばや表現を取り上げて、より具体的な文章にする方法を考えていきます。

　○×式のいい悪い、正しい正しくないという判断でことばを排除するのではなく、普段使っていることばに少し意識を向けようと思うのです。無意識に使っていることばを確認することは、文章を修正する際のポイントになるはずです。

改めて普段使っていることばを考える
注意ワード 「等」がもたらす誤解

　「感染予防等に関するお問い合わせ等は、以下までお願いします」。こうした「等」を使った文は、役所の広報などによく

見受けられます。

　情報に漏れが生じないようにとの配慮として理解はできます。ところが「等」を使ったために、異なる意味として解釈される場合があります。次にあげる**例**は実際にあった大きな事件のプレスリリースをもとに、文言を変えたものです。「等」がもたらす誤読について見ていきたいと思います。（書かれている業種や内容は、事実とは関係ありません）

例

飲食事業、観光事業**等**コア事業以外の子会社を売却・清算し、基幹事業に資源を集中

　この場合、「飲食事業、観光事業等」は、

　　1）コア事業

　　2）コア事業以外

のどちらだと思いますか？

　解釈が二つに分かれます。見ていきましょう。

第7章　文章を点検する際のポイント

解釈1：飲食事業、観光事業＝コア事業

飲食事業、観光事業等 コア事業以外の子会社を売却・清算し、

　この場合、「飲食事業、観光事業等」が「コア事業」にのみかかっているという解釈です。ことばを補えば、

　　飲食事業、観光事業等**はコア事業なので**、**それ**以外の子会社を売却・清算し……

となります。

解釈２：飲食事業、観光事業＝コア事業以外

飲食事業、観光事業等 コア事業以外の子会社を売却・清算し、

　この場合は、「飲食事業、観光事業等」が「コア事業以外」
にまでかかっているという解釈です。これもことばを補うと、

　　飲食事業、観光事業等**の**、コア事業以外の子会社を売却・
　　清算し……

となります。

　同じリリースを読んで複数の解釈ができることは、避けなく
てはなりません。

改善例をあげてみます。

改善 例－解釈１
───────────────

コア事業である飲食事業、観光事業等を除いて、子会社を
売却・清算し、基幹事業に資源を集中

改善 例－解釈２
───────────────

飲食事業、観光事業等の子会社は売却・清算し、基幹事業
に資源を集中

　「コア事業」を明確にするためには、このようにことばを補
って文章をつくらないと、思わぬ誤解が生じます。解釈２の場
合は、あえて「コア事業」ということばを使う必要がないかも

しれません。

　原因は「等」がどこにかかるのかを示す「助詞」がないからです。「等」を使うことによって必要な助詞を省いてしまう傾向があるので要注意です。

　プレスリリースを書く側は、これまでの経緯や状況を熟知しています。特に大きな事件などの場合は、広報・社長室・コンプライアンス・法務・顧問弁護士など多くの立場からリリース文を点検し、それぞれの意見が反映され何度も修正されているはずです。だから「間違いがない」と考えがちです。

　ここに落とし穴があるのです。「間違いがない」と判断した文章が、間違いなく伝わるかどうかは、別問題です。

　組織や業界のなかにいるとそこでの共通言語が生まれ、それが「標準語」になる、と先に書きました。これも同様の状況から生まれる無意識の意識です。

　事情に詳しい関係者が点検する際の最大の落とし穴は、共通の「モノ・コト」を理解し、一般化していることです。そのため無意識のうちに、関係者以外の誰もが理解している「モノ・コト」であると思ってしまうのです。

　この例で言えば、「飲食事業、観光事業等」がコア事業なのかどうかは、当然関係者が共通して理解している「コト」なのです。当然、それを前提に動いているので、リリース文に異なる解釈が生じるということに意識が働いていないのです。

　こうした心理的な動きは、プレスリリースに限らず、僕たちが文章を書く際に陥りがちなことでもあるのです。自分が知っ

ていることは、当然読み手も理解していると思い込む傾向があります。そもそもこうした意識を持たず、読み手不在の文章＝自己満足の文章を書いてしまう場合すらあります。

　一方で、丁寧に書きすぎると、かえってまどろっこしい文章になるのではないか、と思う意識も働きます。

　書きすぎてわかりにくくなった部分は、推敲の段階で整理することができます。しかし、書かれていないことに気付くことは難しいものです。

　最初の段階ではたっぷり書き込んで、後で削るという意識を持つことが重要です。

**　自分の常識（知っていること）は、他人の非常識（知らないこと）、**

**　他人の常識は、自分の非常識。**

という視点を常に持っておきたいと思います。

　文章を簡潔にすることと、ことばを省略して独りよがりの文章になることは、まったく違うものです。特に助詞を省略しすぎると、ことばとことばの結びつきが曖昧になります。文章を簡潔にしようとするあまり、助詞を極端に省く傾向があります。それではかえって文章の趣旨を曖昧にしてしまうことがあります。

　企業のSNSアカウントが炎上する場合も、同様の構造がう

かがえるのです。これについては、後段でお話しすることにします（→ *p.258*）。

注意ワード ～とは思います

「～だと思います」と言い切れないのは、発言に責任を持っていない印象を与えます。

例

フィジカル面での課題は残った**とは**思います。改めて体幹を鍛えなくては、**とは**思っています。

サッカーのＪリーグの人気が高まってきたころのことです。試合後のインタビューで、選手が冷静にチームや個人の課題を自らのことばで語ることに、驚きました。

それまでのヒーローインタビューは「やりました」「頑張りました」「応援よろしくお願いします」という具合に、チームや応援する観客に対して士気を高めることばが印象に残るものでした。それはそれで気持ちがよく、日頃の疲れを吹き飛ばしてくれる力をもらえたものでした。

ところがＪリーグの選手の何人かは、勝ったにもかかわらず次の目標を見据えて静かに語るようになったのです。この姿を見て、これまでとは異なる風が吹いたような気がしました。クールと言えばクール。それまでの団体競技とは異なるスポーツのあり方を見せられたようでした。

しかし、例のような「とは思います」という言い方に違和感

を持ちました。

　「フィジカル面で課題が残った。だから改めて体幹を鍛えなくてはならない」という具合にストレートに伝わらないのです。「とは」の「は」が逆接の意味を後ろにつなぐ役目を担った助詞になっているからです。

- 課題が残ったとは思いますが、結果がよかったのでよしとします。
- 体幹を鍛えなくてはならないとは思いますが、時間がないので仕方がありません。

と、課題を示しつつ「〜とは思いますが……」と、明言を避け、逃げをうっているように感じるのです。そのため、

- 課題が残ったとはいえ、大した問題ではない
- 課題が残ったとはいうものの、大した問題ではない
- 体幹を鍛えなくてはならないとはいえ、時間がない
- 体幹を鍛えなくてはならないとはいうものの、時間がない

という具合に「とはいえ」「とはいうものの」ということばに置き換えて文意を汲み取ってしまうのです。
　「フィジカル面での課題は残ったとは思います。改めて体幹を鍛えなくては、とは思っています」

　例の場合は逆接の含みを残しながら、それに相当する具体的な内容がないため、据わりが悪く落ち着かない感じになります。これは伝える側の自信のなさや、逃げ腰の姿勢のようにも捉え

られるので、あまり多用しない方がいいのです。

　書きことばのなかでも「とは思う」と書くと、確証が持てない内容のように思われて説得力を失います。

注意ワード ある意味、その意味

　「ある意味〜」「いい意味で」「その意味では」「ある意味において」のように、「意味」ということばを使うことによって、何を対象にしたのかがつかめず、全体像がぼやけてしまうことがあります。

例

　　インターネットにおける安全性は、子どもに任せることはできない。**その意味では、**家庭内で安全を確保し守るべき規則をつくることが肝要で、子どもがパソコンなどでインターネットを利用することを見守るという、**ある意味において**常識的な対応が、メディアリテラシーの育成に必要とされる。

　子どものインターネット利用について、家庭内でどう対応すべきかという提言が書かれています。2文目を「その意味では」で始め、「ある意味において」とつないで結論へ導いています。

　「その意味」「ある意味」という、それこそほとんど意味のないことばを使って、もっともらしく書いています。しかし、インターネットを家庭で子どもが使う場合は「規則をつくる」「利用を見守る」という「常識的な対応」が必要だ、ということを言っているにすぎません。

また、「その意味」「ある意味」を、接続詞や接続助詞のように使って文をつないでいるため、一文がかなり長くなっています。このことばを削っても、じゅうぶん文意は通じます。

　例文を要約すると

　　①子どもがインターネットを使うときには、
　　②親が安全なインターネット環境を保証することが重要、
　　③常識的な対応がメディアリテラシーを育む

ということです。それが読み手に伝わればいいのです。例文を書き換えてみます。

改善　例

　　インターネットにおける安全性は、子どもに任せることはできない。子どもが守るべき規則を親が決め、パソコンなどでインターネットを利用する際の安全な環境をつくる。こうした家庭内の対応が、メディアリテラシーの育成に必要とされる。

　何を伝えたいのかを要約して、整理すると骨格が見えてきます。「その意味では」「ある意味において」ということばを無意識で使っている場合が多いように思います。こうしたことばを使わず、具体的な内容をストレートに書く方が、読み手にはすっきり理解しやすいのです。

　他に、次のような例もあります。

注意ワード 別の意味で、意味不明

　別の意味でどうだったのか、何が意味不明なのか、知りたいところをこうしたことばで覆い隠してしまわないようにします。

例

　彼女は中学のときからよく知っているのだが、**別の意味で**彼女ほど**意味不明**な人もいなかった。

　わかったようなわからないような文になっています。頭を抱えてしまいますね。恐らく筆者は中学のときからよく知っている彼女の、「別の意味」に対する「本当の意味」を理解しているのかもしれません。しかし、この一文だけでその状況を窺い知ることができません。

　これも「別の意味で」を削っても文意は変わりません。「意味不明」ということばを具体的に書くことができれば、筆者の思いを読み手に伝えやすくなります。

　「別の意味で〜意味不明」という構造こそが、意味不明になっているのです。

改善 例1

　彼女のことは中学のときからよく知っている。しかし、彼女ほど内面を理解できなかった人もいなかった。

　「意味不明」の内容を「内面を理解できなかった」としました。すると、中学のときからよく知っているが、彼女とは心を開いてくれるほどの関係性を築いた仲ではなかった、というふうに

読めます。

　　彼女のことは中学のときからよく知っている。しかし、
　　彼女ほど外見の明るさからは窺い知れない苦渋を抱えてい
　　る人もいなかった。

　こういう具合にすると、彼女の苦渋について話を聞くことが
できる関係であるという解釈になります。この文章の先に何か
予期できないドラマが用意されているかのような書きぶりにも
なります。

　「意味不明」の内容を書けば、「別の意味で」ということばを
使う必要はなくなります。文章を直す際に、特に意識していな
い感覚的、表層的なことばをしっかりと認識することが重要で
す。会話のなかでは、話の接ぎ穂として使われることがあるか
もしれません。しかし、文章のなかで使うには、ことばが有効
に機能しているかどうかを見極めていく必要があります。

注意ワード　いい意味で

　マイナスの要素をプラスに転じる、という前向きな意識を表
した表現です。

例

　　いい意味でプレッシャーを感じている。

　「プレッシャー」は「圧力」「重圧」「精神的重圧」という意

味です。どちらかというとマイナスのイメージを持つことばです。例文では、それをはねのけてプレッシャーに対峙するという意識ではなく、うまく取り込んでバネにするという意味に捉えてプラスに転化させています。

　使い方として特に問題とすることはないと思います。しかし、なんでもかんでも「いい意味で」とするより、必要に応じて言い換えてみましょう。

改善 **例**

・むしろプレッシャーを味方につけたい。
・プレッシャーをバネにしたい。

など、少し工夫をすると表現の幅が広がるはずです。

注意ワード 普通に〜

　それが特別なことではない、という意識を含んだ表現です。しかし、使い方によっては形容矛盾を引き起こすことがあります。

例

　大谷翔平選手の活躍は、**普通に**すごい。

　「普通」は「他と比べて特に変わらないこと」を言います。そこから派生した「普通に」は「一般の基準で」という感覚が生まれます。たとえば、

この食堂は普通においしい。

とあれば、「値段のわりに」などの前提をつけずとも、「一般的においしい」ということを表現できます。あくまでも一般的な基準に照らして、という表現となります。主に話しことばとして俗に使われるものです。

　大谷選手は米大リーグ投手・打者の二刀流として過去に類を見ない活躍をしています。

　この場合の「すごい」は、「常識では計り知れないほどの能力・力を持っている」という意味です。この「すごい」成績に対して「普通に」ということばを重ねることは、形容矛盾になります。

改善　例1

　大谷翔平選手の活躍には、目を見張るものがある。

「目を見張る」という慣用句もあります。活躍に驚いた、という意味では「呆気にとられた」「恐れ入る」「驚天動地」などのことばもあります。少し具体的に書くなら、

改善　例2

　大谷翔平選手の活躍は、二刀流というこれまでの野球の常識を打ち破るほど、衝撃的な出来事だった。

などとすれば、活躍の内容に触れることができます。この後に

具体的は成績などを書けば、より説得力のある文章になります。

　形容矛盾の表現として次のようなことばもありました。

注意ワード わりと本当にすごい

　ある商品に対するコメントとして書かれていたものです。「わりと」と「本当に」が合体した不思議な感覚を持った表現です。

　「わりと」は、「わりあい（に）」という副詞のくだけた言い方です。「この冬はわりあい（に）、寒い日が少なかった」という具合に使います。漢字を当てると「割合（に）」となります。それが次第にくだけて「**わり（割）に**」となり、さらに「**わり（割）と**」というふうに変化したものです。

　いずれも、予想していた程度を少し超えていた、期待を少し上回っていた、という意味です。この場合、「わりあいつまらなかった」「わりあい面白くなかった」などのように、マイナスの表現には使われません。

　「本当に」という副詞は、「程度が甚だしい」という意味で、間違いないと思えることを強調するときに使うことばです。

　この場合の「すごい」は「程度が甚だしい」「常識では考えられないほど並外れている」という賞賛の意味となっています。これが、

　　わりとすごい＝予想していたよりすごい

　　本当にすごい＝並外れたほどすごい

というように、「わりと」と「本当に」が、それぞれ単独で「す

ごい」にかかるのであれば、違和感なく成立します。

　ところが「わりと」と「本当に」が同時に「すごい」にかかると、「すごい」という表現へのアプローチがずれるのです。

　「わりと」という場合は、予想していた範囲＝期待値がかなり低めに設定されているからです。一方、「本当に」という場合は、想像が及ばないほどの出来映えを言うので、期待値はもともと MAX に近いものなのです。ここに表現の違和感が生じるのです。

　もしかしたら「思っていたわりに（は）〜」という使い方をしたかったのかな、とも思うのです。この場合の「わりに」は副詞ではなく、接続助詞です。

　　安いわりにおいしいワイン
　　年のわりに体力がない

などのように使います。予想される基準を超えている場合だけでなく、満たしていない場合にも用いられます。

　「わりと本当にすごい」という表現は、「予想される基準を超えて、本当にすごい」という意味かもしれません。「思っていた以上に」という趣旨で「わりと」を使ったのかもしれません。しかし用法として成立していないので、やはりしっくりきません。

「本当にすごい」

「わりに」はなくても、これでじゅうぶん通じると思います。

注意ワード　ほぼほぼ

「たびたび」「ほどほど」「しばしば」などのように、同じことばを重ねて本来の意味を強調する用法があります。

「ほぼほぼ」もことばを重ねて、副詞「ほぼ」を強調したものです。「ほどんど同じ」「極めて近い」という意味です。

辞書によると、「ほぼほぼ」は2000年前後から散見されるようになり、2010年代に広まったとあります。

- **プロジェクトは、ほぼほぼ問題なく進んでいる。**
- **会場は、ほぼほぼ満員だ。**

などのように使われます。

同様のことばに

いまいま

もよく使われるようになりました。

「いまいま」は「今」を繰り返し強調したもので、「いまいまの進捗状況は……」などという具合に使われ、「たったいま」とか「いまのところは」という意味で使われています。最近のことばだと思っていたのですが、実は、かなり昔から使われていたようです。

「たったいま」という意味では、島崎藤村の『破戒』のなかで、猪子蓮太郎が瀬川丑松を訪ねてきたときに、叔母が丑松に対して、

　　今々其処へ出て行きなすつた──ちよツくら、田圃の方へ
　　行つて見て来るツて

という場面に「今々」が使われています。

『枕草子』の「心もとなきもの」にも

人のもとにとみの物縫ひにやりて、いまいまとくるしうゐ入りて、あなたをまもらへたる心地

とあります。

人に急ぎの仕立てものを縫わせにやって、今か今かとじりじりした気持ちで座り込み、じっとそっちの方を見守り続ける気持ち

という意味です。「いまいまと」は「今か今かと」という、ある状態が早く訪れることを望んでいる表現として使われています。

「ほぼほぼ」「いまいま」という語の繰り返しは、意味を強調する役目があります。

「なかなか＝思っていた以上に」

「たびたび＝何度も」

「そこそこ＝じゅうぶんではないが満足できるさま」

「ゆめゆめ＝決して（～するな）」

といった副詞と同じ構造を持っています。

同音・同語の繰り返しはオノマトペにもよく使われる形です。オノマトペとは、擬音語（擬声語）・擬態語などの総称です。

特に擬態語は

「さくさく」「もふもふ」「もやもや」「ゆるゆる」…

といった、繰り返しで構成され、副詞に近い作用を持ちます。

オノマトペを含め、日本語には副詞の表現が豊かです。副詞を上手に使いこなせると、表現力も上がります。

一方で、ことばの繰り返しは「はいはい」「ぱいぱい」「じーじ」「ばーば」「たかいたかい」など、幼児ことばに用いられることが多いので、幼いイメージに取られることもあります。

同音・同語の繰り返しは、強調という役割と、優しく甘えられる、頼れるという要素があるようです。

「ほぼほぼ」「いまいま」などは、あまり意味を考えず無意識に使っている場合が多いはずです。使う際には、表現としてふさわしい状況にあるのかどうかを考えておきたいと思います。

同音・同語の繰り返しのなかで、副詞的なことばではないものも現れています。

あるある

「ある」という動詞を二つ重ねて名詞形にして使われています。

- **業界あるある**

- **あるあるネタを教えてください。**

この場合、「存在する」ということを強調しているのではありません。「ありがちな何か」という意味があります。「ほぼほぼ」「いまいま」とは、使われるシチュエーションが違い、やや特別な社会・組織の裏話や楽屋落ちのネタを披露する際の前振りとして使われます。そこにはオチや笑いが含まれます。

注意ワード **〜感**

　昨今、政治の場で「スピード感を持って取り組みたい」などのように使われます。

　「感」は、深く心に感じることを表すことばです。

　　隔世の感がある

　　＝時代がすっかり変わったという実感、世情がすっかり変わったという感慨

　　時期尚早の感がある

　　＝それをするには、まだ早すぎる

　　感に堪えない／感に堪える

　　＝非常に感動して、たまらない。

などのように使われていました。

　これが、解放感・連帯感・達成感など接尾語のように名詞の後について「〜の感じ」という意味を表すようになりました。

　それがさらに広がって、感覚を伝えるようになってきました。

- レタスのシャキッと感
- 透け感のあるサマーニット
- 抜け感のあるメロディー
- やった感がある
- まったり感を味わう

　具体的な表現が難しいときに「感」をつけると、オノマトペ（擬音語・擬態語）のような使い方ができるのです。これは新しい表現方法だと思う一方で、実態が見えづらくなる場合も出て

きます。

スピード感を持って取り組む

「スピード感を持って」というのは「迅速に」「素早く」と言い切れないまどろっこしさが潜んでいます。「スピードを上げて」でもないのです。意地悪な見方をすると、

　　スピード感を持って取り組むが、結局時間がかかるものだ。
という言い訳のように聞こえてしまいます。

空気感を大事にしたい

「空気感のある写真」などのように、芸術的側面では、その場の雰囲気を伝える場合に使われることもあります。

　一方で、「空気感を大事に」という言い回しは「その場の空気を大事にしたい」とは言っていません。これも、

　　その場の雰囲気は大事にするが、状況によっては強行する
　　場合もある。
というふうに、どこかへの配慮や予防線を張ったような裏側の意図を感じるように読めるのです。

　考えすぎだと言われるかもしれません。しかし、しっかり言い切らず、感覚にくるんで表現すると、実態からかけ離れた像を結ぶことにもなりかねません。

相場感

という表現も見かけるようになってきました。相場の感覚という意味合いだと思います。もともと

相場観

という相場の見通し・あり方を指すことばがあります。先行き
を見通すことばなので、相場の「いま」を表すには、もどかし
いことばになっているのかもしれません。「相場感」は、刻々
と変わる「いま」を表す必要性にかられて生まれたことばだと
考えられます。

～的

などの使い方も、そのものズバリではなく、そうした性格・性
質を持つものを指すときに使われます。もともと「的」は中国
で日本語の「の」にあたる助辞として使われていました。それ
を明治時代、「automatic ＝自動的」「romantic ＝空想的」など
のように、英語の「tic」で終わる形容詞の訳語に用いたのです。
それが時を経て

- 僕的には理解している

- 成績的には合格ラインにある

などのような使い方が広がりました。「的には」という使い方
には、「〜としては」「〜については」という意味が含まれてい
ます。これは、

- 僕としては理解しているつもりだ／僕は理解している

- 成績については合格ラインにある／成績は合格ラインにあ
  る

とすればいいので、「的」をつける必要はありません。はやり
の言い回しは、時に便利で共通の理解を得ることがあります。
一方で、ことばの定着性・耐久性が弱く、いっときのはやりこ
とばとなることもあります。こうしたはやりのことばを安易に
使うのではなく、表現の工夫をすべきだと思うのです。

逆に

　もともと「反対に」「かえって」などの意味を表すことばです。それが「予想とは違って」「むしろ」などの意味を持つようになってきました。

　「逆」の意味は、物事の順序や位置関係などが反対であることを言います。

- 並び順を逆にする
- 逆の方向に進む

などのように使います。

　それが「逆に」の形をとって、副詞や接続詞のような作用を持つようになりました。

例1

　この作品が200年前のものだとは、**逆に**すごいと思います。

例2

　北海道は春がいいと友人は言う。私は**逆に**極寒の真冬が好きだ。

　例1で使われている「逆に」は「想像を超えて」「予想に反して」、**例2**は「むしろ」といった意味です。もともと物理的な位置関係に基づく「逆」が、心理表現に使われるように変化しています。心の動きが新たな表現を生み出すのです。その一方で、心の動きを一つの凝縮されたことばで代替してしまうと、かえって言語表現を狭めてしまうという矛盾も生じます。

ワンフレーズポリティクスということばがあります。短いことばを並べるだけで、その政策の中身を具体的に説明しない政治のことを言います。威勢のいいことばや、凝縮されたことばは、わかりやすく魅力的です。「ワンフレーズ」は、僕たちの生活のなかで使われるトレンドワードにも現れています。

　しかし、具体的な内容を伝えないと判断ができなくなります。言語の硬直化は思考する力を奪うことにもなります。言語が硬直化するということは、心から放たれることばを自由に使いこなせないということにもなります。

注意ワード 癒やし、寄り添う

　大きな災害などを経験して、社会に広がったことばです。

　バブル崩壊後なかなか回復しない経済状況のなかで広がる貧富の格差、高齢化が進むなかで孤独を味わう人たち、競争社会になじめず引きこもる人たち……。弱者に思いを寄せようという動きは昔からあったものですが、1995年1月17日の阪神・淡路大震災、2011年3月11日の東日本大震災、2016年4月14日の熊本地震などを経験し、僕たちの生活や心の有り様を変化させました。

　「癒やし」「寄り添う」ということばも、こうした時代背景をまとった文脈で使われるようになりました。新聞紙面でもよく見かけるようになりました。どこを読んでも「癒やし」と「寄り添う」で埋め尽くされているようにすら感じたのです。

　決して悪いことばではないし、使う人も誠意を持って原稿を書いていることは疑いありません。

「癒やしの空間」「癒やし系」「地方に寄り添う」「時代に寄り添う」などのことばが、次々生まれることによって、それが商業主義にのったアイコンになり、トレンドワードとなります。ことばが生まれたころの実態から離れた流行語として機能し始めます。これによって、本来抱えていた課題がすっとずれて、本質が見えづらくなってはいないでしょうか。便利なことばに集約されることによって、かえってことばが硬直化してしまったように感じるのです。

　もちろん、時代を捉えたことばとしての意義は大きいと思います。時代を振り返ったときに記憶に残る流行語は、社会を反映したものであることも理解できます。

　しかし、「癒やし」や「寄り添う」を流行語としてしまっていいのか、収まりのいいことばに流されずことばの本質を捉え続ける必要があるのではないか、そんなことを思うのです。

注意ワード させていただきます

　相手に敬意を払うことは、心のゆとりを持っている大人の態度として好もしく思えます。しかし過剰敬語は敬意を損ねることにもなりかねません。

例

　先日、弊社が納入した機器について、御社から不具合の報告を**いただきました**。調査**させていただいた**ところ、プログラムのミスだということがわかりましたので、報告**させていただきます**。

「いただきます」が３回使われています。そのうち「させていただきます」が２回です。極端な書き方だと思われるかもしれません。しかし、これに類した書類は、かなり多いのです。

　丁寧に書こうとすることを否定しません。不具合に関する報告書では、相手業者との関係もあるので、こうした傾向は強くなると思います。

　「させていただきます」は、サ行変格活用動詞「する」の未然形に助動詞「せる」がついたものです。「せる」には、使役の意味があります。それに「いただく」という謙譲語がついています。

- 新年のご挨拶を控えさせていただきます。
- 拝見させていただきます。

などのように、「させていただきます」は、許しをもらって何かすることを謙遜して言う表現です。

　ところが、「いただきます」を丁寧語の感覚で使っている場合が増えたように思います。「いただく」には、「相手に許可を得る」意味があります。

　こういう表現を多用すると、主体性のない発言に受けとられかねません。敬意が軽く扱われるような感覚になり、かえって失礼な印象になります。これが過剰敬語のマイナス要素です。

　例文でいうと「調査させていただいた」は違和感があります。不具合の報告を受けて行った調査自体は許しを請うものではなく、自主的な動きです。「報告させていただきます」は、その

趣旨と合致しています。しかし、相手業者との関係を大切にするなら「させていただきます」ということばに頼らず、もう少し内容を丁寧に説明すべきだと思うのです。

改善 例

　先日、弊社が納入した機器について、御社から不具合の報告を**頂戴しました**。調査したところプログラムのミスだということが**判明しました**。原因と対処法、今後の対策について**報告いたします**。

先日、弊社が納入した機器について、御社から不具合の報告を頂戴しました。

⇨「頂戴しました」は、例文の「いただきました」でもいいと思います。ここでは違う表現を提示しました。

調査したところプログラムのミスだということが判明しました。

⇨「調査させていただいたところ」は、自主的な判断で原因などを調査したことをはっきり示す表現にします。「わかりましたので」を「判明しました」と、明確に意向を伝える表現にしてきっぱりと言い切ります。

原因と対処法、今後の対策について報告申し上げます。

⇨例文では「報告させていただきます」だけでした。不具合を調査した結果として、「原因」その「対処法」、次の「今後の対策」という流れを示して「報告いたします」「報告申し上げま

す」とします。

　「させていただきます」という定型のことばに頼りすぎず、相手業者に対する真摯<ruby>真摯<rt>しんし</rt></ruby>な姿勢を文章で表現する方が、よほど丁寧な対応になります。

改めて読点の意味を考える
注意ポイント 読点に頼りすぎない

　読点（、）に頼りすぎて、そこに含まれることばを略してしまうことがあります。伝えるべき内容をことばで表現するようにします。

例1

　君、元気でよかった。

例2

　お返事、ありがとうございました。

　話しことばやメールでこうしたやり取りが成立するのは、あらかじめお互いの状況（モノ・コト）が共有されているからです。読点に委ねた解釈を明確にするため、ことばを補ってみます。

　例1は、久しぶりに連絡が来た友人に返信した際の一文かもしれません。

　「君」の後にいくつか異なる助詞を加えてみます。

　　①君が、元気でよかった。

　　②君は、元気でよかった。

③君も、元気でよかった。

という具合に、助詞を変えるとニュアンスが変わります。

①は、君に降りかかった困難があったとしても、元気でいて
くれたことを喜んでいる様子。

②は、自分を含む何人かが元気でない状態であったとしても、
君が元気であることを知って安堵している様子。

③自分も元気だが、君も元気であることがわかってともに喜
び合う様子。

こんな感じに解釈できます。読点に含められることばのニュ
アンスは多様です。さまざまな解釈を読点に頼って省略してい
ることになります。共有するモノ・コトがあれば、誤解は少な
くてすむかもしれません。しかし、解釈を読み手に委ねる形に
なるため、書き手の意図が正確に伝わらない場合も出てきます。

身ぶり手ぶりなどを交えて伝える話しことばとは違い、こと
ばだけで伝えなければならない文章は、それほどに繊細なので
す。そのため、書きことばにするときは、助詞をできるだけ省
略しない方がいいのです。

例2も、ことばを補うとニュアンスが違ってきます。

①お返事をいただき、ありがとうございました。

②お返事を頂戴し、ありがとうございました。

③お返事を賜り、ありがとうございました。

①〜③は、いずれも謙譲語です。

お返事、ありがとうございます。

という書き方でも通じるとは思います。返事についての具体的な内容を読点に託す書き方は、**例1**と同様です。やはり、書きことばとして丁寧に記すことは、特にビジネスシーンでは必要な作法です。

改めて助詞が担う意味を考える
注意ワード 「が」と「に」

　助詞は語と語の関係を示したり、その語にある意味を添えたりします。そのため日本語にとって、重要な役割があります。対象となるものをはっきりさせるには、助詞の役割と使い方を理解しておきましょう。

　まずは、例を見てください。

例1

　２年ぶり、千葉帰ってきた。昼着くはずだったのに、列車事故の影響で予定ずれまくりの一日。

　SNSなどで見かける「チャットことば」です。速く文章を入力するために、できるだけ短い文にしようという意図はわかります。しかし、必要な助詞まで省いてしまうと、意味が通らなくなってしまいます。すると、読み手は書き手の意図しない助詞を補って解釈する場合も出てきます。

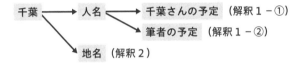

【例】
　　　　に　　に？ が？　　　　　　　　　　　誰の予定？
　　　　　　　　　　　　　　　　　　　　　　ずれまくり？
　　2年ぶり、千葉帰ってきた。
　　昼着くはずだったのに、列車事故の影響で予定ずれまくりの一日。
　に

　例にあげた文章は「千葉」が、人名と地名で解釈は分かれます。以下にその解釈を示します。

　前半と後半の解釈を整理すると、三つのパターンの文章が成立します。

　千葉 ──→ 人名 ──→ 千葉さんの予定 （解釈1−①）
　　　　　　　　　　　筆者の予定 （解釈1−②）
　　　 ──→ 地名 （解釈2）

◉解釈1：「千葉」が人名の場合

　改めて【例】を引きます。

　　2年ぶり、千葉帰ってきた。昼着くはずだったのに、列車事故の影響で予定ずれまくりの一日。

　まず、書き出しの文を見ていきます。

　　2年ぶり、千葉帰ってきた。

　「2年ぶり」が「帰ってきた」にかかっていることを明確にするため、読点の代わりに格助詞「に」を加えます。

　次に、「千葉帰ってきた」の「千葉」が人名であることを明

確にするために、「千葉さん」と敬称を入れ、主格の格助詞「が」を加え、

　　２年ぶりに千葉さんが帰ってきた。

とします。次に二つ目の文です。

　　昼着くはずだったのに、列車事故の影響で予定ずれまくり
　　の一日。

　前半の「昼着くはずだったのに」も、しっかり時を指定する格助詞「に」を加えて

　　昼に着くはずだったのに

とします。

　後半の「列車事故の影響で予定ずれまくりの一日」が、

　　　①千葉さんの予定
　　　②筆者自身の予定

の二つに解釈できます。

①千葉さんの予定の場合

１文目が

　　２年ぶりに千葉さんが帰ってきた。

となっているので、筆者は千葉さん以外です。それを受けた２文目は、千葉さんからの伝聞の形にしなくてはなりません。

　「予定ずれまくり」という表現は、話しことばとして雰囲気はよくわかります。しかしくだけすぎているので、これを公に出す文章にするにはふさわしくありません。そこで、

昼に着くはずだったのに、列車車故の影響で予定が大幅に

　　遅れ、散々な一日だったという。

というように書き換えます。

<u>②筆者自身の予定の場合</u>

　1文目が千葉さんについて書いているので、2文目は筆者に

ついてのことがわかるようにしなくてはなりません。

　　昼に着くはずだったのに、列車事故の影響で大幅に遅れた。

　　出迎えに行った私も予定が立たなくなり散々な一日だった。

改善　**例1　解釈1 –①〈千葉が人名、予定が千葉の場合〉**

　2年ぶりに千葉さんが帰ってきた。

　昼に着くはずだったのに、列車車故の影響で予定が大幅に

遅れ、散々な一日だったという。

改善　**例1　解釈1 –②〈千葉が人名、予定が筆者の場合〉**

　2年ぶりに千葉さんが帰ってきた。

　昼に着くはずだったのに、列車事故の影響で大幅に遅れた。

出迎えに行った私も予定が立たなくなり散々な一日だった。

　細かい部分はなお精査しなくてはなりませんが、解釈の違い

でこういう書き分けになるのです。次に、千葉が地名の場合を

見ていきます。

●解釈2：「千葉」が地名の場合

　千葉が地名なら、「2年ぶり、千葉帰った」のは筆者です。

その後の文の主語も筆者ということになります。

【例】
に　　**に？　が？**　　　　　　　　　　**誰の予定？**
　　　　　　　　　　　　　　　　　　　　ずれまくり？
　　２年ぶり、千葉帰ってきた。

　　昼着くはずだったのに、列車事故の影響で予定ずれまくりの一日。
に

改善　**例１　解釈２〈千葉が地名、予定が筆者〉**────

　２年ぶり**に**千葉**に**帰ってきた。

　昼に着くはずだった**が**、列車事故の影響で**到着が大幅に遅れた**。

　そのせいで予定がずれ込み、散々な一日になった。

　「２年ぶりに千葉に……」と助詞の「に」が続くのを避けるなら、

　　　千葉に帰ってきたのは２年ぶりだ。

とする方法もあります。

　この場合、千葉を地名とする方が常識的な考え方ではないか、という意見もあることと思います。

　しかし、「常識的な考え」は、それこそ人それぞれです。読み手に解釈を委ねるような文章は、避けなくてはならないと思うのです。

　助詞を省いた例をもう一つ見てみます。

例２

　双子のパンダ、１月会えるよ。

「会える」対象が「双子のパンダ」です。ところが、「会える」タイミングには、さまざまな解釈ができます。

    ①１月に会えるよ

    ②１月なら会えるよ

    ③１月でも会えるよ

    ④１月だから会えるよ

などが考えられます。

①時を明確にする格助詞「に」

②助動詞「だ」の仮定形「なら」。「１月」が仮定の条件となっています。

③副助詞「でも」が、「たとえ〜であっても」という意味を持たせています。

④「であるから」「それゆえ」という意味の接続詞「だから」。

  ①のように、１月の後に「に」を挿入して解釈するのが常識的かもしれません。しかし、読み手にその判断をさせることは、危険です。意図とは違う解釈を招きかねません。

  キャッチフレーズとして文を短縮することがあったとしても、必要な助詞を省くべきではありません。読んでストレスなく理解できる文をつくるように心がけましょう。

改めて「ら抜きことば」を考える
注意ワード ## 見れない、食べれる

チャットことばや話しことばのなかで、「ら抜きことば」は

一般的になってきたようです。

　受け身や可能、尊敬などを表す助動詞には「れる」と「られる」の２種類あります。動詞の活用の種類によってこの助動詞の付き方が違います。

　「れる」は、五段活用動詞とサ変動詞「する」につきます。ら抜きことばは五段活用動詞を中心に起こるので、ここではそれについて記していきます。

　活用語尾に「ない」をつけて未然形にするときに、「ない」の直前が「ア」音になるものが五段活用動詞です。

　　歩く（aruku）＋ない（nai）＝歩**か**ない（aruk**a**/nai）
　　遊ぶ（asobu）＋ない（nai）＝遊**ば**ない（asob**a**/nai）
　　泳ぐ（oyogu）＋ない（nai）＝泳**が**ない（oyog**a**/nai）
　　書く（kaku）＋ない（nai）＝書**か**ない（kak**a**/nai）
　　話す（hanasu）＋ない（nai）＝話**さ**ない（hanas**a**/nai）

　といった類いです。これらの動詞には「れる」という助動詞をつけます。

　　歩か**れる**

　　遊ば**れる**

　　泳が**れる**

　　書か**れる**

　　話さ**れる**

　といった具合です。

上一段活用動詞、下一段活用動詞、カ行変格活用動詞の活用語尾に「ない」をつけて未然形にすると、その直前の音は

上一段活用動詞が「イ」、下一段活用動詞が「エ」、カ変動詞が「オ」となります。

上一段活用動詞：

見る（miru）＋ない（nai）＝見（mi）ない

下一段活用動詞：

食べる（taberu）＋ない（nai）＝食べ（**e**）ない

カ変動詞：

来る（kuru）＋ない（nai）＝来（**ko**）ない

この場合「られる」という形の助動詞が付きます。

見る（上一段活用動詞）＋られる＝見（mi）**られる**

食べる（下一段活用動詞）＋られる＝食べ（be）**られる**

来る（カ変動詞）＋られる＝来（ko）**られる**

わかりやすくまとめると

「ア音の未然形＋れる」（五段活用動詞）

「イ・エ・オ音の未然形＋られる」（上一段・下一段・カ変動詞）

ということになります。

ところが、五段活用動詞が変化して下一段活用になった「可能動詞」というのがあります。本来「歩かれる」「書かれる」とあるものが、可能の意味の場合「歩ける」「書ける」などのように変化したのです。

歩か**れる**⇒歩**ける**

　　遊ば**れる**⇒遊**べる**

　　泳が**れる**⇒泳**げる**

　　書か**れる**⇒書**ける**

　　話さ**れる**⇒話**せる**

　可能の意味を表すときに、本来「られる」が付くべき「見る」（上一段）、「食べる」（下一段）など五段活用動詞以外にも「れる」が付くようになったのです。これが「ら抜きことば」です。

　　見る＋られる＝見**られる**⇒見**れる**

　　食べる＋られる＝食べ**られる**⇒食べ**れる**

　　来る＋られる＝来**られる**⇒来**れる**

という具合です。「ら抜きことば」を新しい可能動詞の形として認める向きも出てきたようです。

　こうした「ら抜きことば」について、文化庁の第20期国語審議会は1995年11月、「新しい時代に応じた国語施策について（審議経過報告）」のなかで、「共通語においては改まった場での使用は現時点では認知しかねるとすべきであろう」との報告を出しました。文化庁はこれについて「国民を拘束するものではなく、一種の呼びかけ」だとしました。

　「ら抜きことば」がどのように生まれたのかについては、明確な説がありません。ことばの変化は、話しことばから発生す

ることが多いと仮定すれば、以下のような見方もできます。

話しことばは、話すときに口の動きが楽になるよう変化していきます。「見れる」「食べれる」などは、本来「見られる」「食べられる」とすべきですが、「られ」という発音は舌を細かく動かさなくてはなりません。

「れる」に単純化した方が、舌の動かし方が楽なのです。「ら抜きことば」は、こうした発声時の緊張を解くために生まれたとも言われています。

もともと話しことばから発生したと思われる「ら抜きことば」は、チャットことばだけでなく、書きことばなどにも広がってきました。もはやこれをおかしいと思う人の方が少なくなっているかもしれません。

話しことばとしての変化は、僕も認めざるを得ない気がします。しかし書きことばや改まった場では、先の国語審議会の報告同様「ら抜きことば」を使うには抵抗があります。

感覚的に僕自身の、これまでの言語環境になじまないというのが理由の一つです。そして命令形がつくれない「ら抜きことば」に、可能動詞と異なる語彙の特殊性を感じるからです。また、異なる意味が生じる場合もあります。

仲間にいれてよかった

は、

仲間にいられてよかった
　⇨**居**られて
仲間にいれてよかった
　⇨**入れて**（加えて）

という2通りの解釈が生じます。

「見れる」「食べれる」「来れる」は、まだもとの意味が理解できます。

しかしこの場合は、「居る」（上一段）と「入る」（五段）で意味が異なります。

この場合、「居れて」が「ら抜きことば」です。

「ら抜きことば」を使うことによって、予期せぬ解釈が生まれてしまうことは、誤解を招くことにもなります。それは、大きな問題だと思うのです。

改めて「さ入れことば」を考える
注意ワード **行かさせる**

いわゆる「さ入れことば」です。可能の助動詞「れる」「られる」と同様に、使役の助動詞「せる」「させる」も使い方が揺れています。

五段活用動詞とサ変動詞の未然形に付くのが「せる」です。

　行く（五段活用動詞）＋せる＝行か（ika）**せる**

　書く（五段活用動詞）＋せる＝書か（kaka）**せる**

　する（サ変動詞）＋せる＝さ（sa）**せる**

これ以外の動詞（上一段・下一段・カ変）には「させる」が付きます。

　見る（上一段活用動詞）＋させる＝見（mi）**させる**

食べる（下一段活用動詞）＋させる＝食べ（be）**させる**

来る（カ変動詞）＋させる＝来（ko）**させる**

　五段活用動詞に「せる」を付けるべきところに「させる」をつけるのが、「さ入れことば」と言います。通常、サ変動詞には起こりくい変化です。

行く（五段活用動詞）＋せる＝行か（ika）**せる**　⇒**行かさせる**

書く（五段活用動詞）＋せる＝書か（kaka）**せる**　⇒**書かさせる**

「れる」「られる」で説明したように、ここでも

「ア音の未然形＋せる」（五段活用動詞）

「イ・エ・オ音の未然形＋させる」（上一段・下一段・カ変動詞）

という同様の構造が描けます。

　「さ入れことば」もまた、正式な文章や改まった場所で使うことはできないと思います。「ら抜きことば」のように可能動詞として考えられる、というような文法的な根拠も見つかりにくく、誤用の範囲を出ないからです。

　「さ入れことば」が、どういう経緯で生まれたのかはわかり

ません。しかし、話しことばから派生していることから考えて
みます。

①行かせる（ikaseru）

この場合、ikaseru だと kase の部分の音が、ka ⇨ se という具
合に「カ行のア音」と「サ行のエ音」にまたがるので落差が大
きく、口を動かすのが結構大変です。

　一方、

②行かさせる（ikasaseru）

の場合、ikasaseru の kasase の部分は、ka ⇨ sa ⇨ se という具
合に音が流れます。「カ行の**ア音**」「サ行の**ア音**」「サ行の**エ音**」
という具合に母音と子音が一つずつ移動するだけです。それに
よって口の動きがなめらかになります。

　これが「さ入れことば」の発生理由だと、断定するつもりは
ありません。ただ、話しことばにおける発音の簡略化が、何か
しら影響しているのではないか、というのが、僕の考えです。

改めて助詞について考える

注意ワード で

　格助詞の「で」という一語には、さまざまな意味があります。
　動作や作用について、行われる場所・期限・限度・事情・状
況・主体・手段・方法・理由・動機・原因など、広範囲の意味
を表すことができます。

これだけの役割を持つ「で」は便利で、とても使い勝手がいいことばです。一方で、多用すると文章全体が一本調子になり、的確な表現を逃す可能性もあります。

スーパーで買い物をする（場所）

１時間で解答しなくてはならない（期限・限度）

傷だらけで帰ってきた（事情・状況）

委員会で決めた（主体）

などは、他に言い換えが難しいかもしれません。しかし、手段・方法、理由・動機、原因・理由を表す場合、「で」に頼らないよう工夫したいと思います。

①飛行機で８時間かかる（手段・方法）

⇨飛行機を利用**すると**８時間かかる

⇨飛行機を利用**しても**８時間かかる

　「すると」と「しても」では、ニュアンスが異なります。「しても」には、飛行機を使えば早く着くという考えに対して、「**たとえ**飛行機を利用したとしても…」という逆接の仮定が示されます。

②ディスカッションでリスクを回避する（手段・方法）

⇨ディスカッション**を通じて**リスクを回避する

　「ディスカッションという方法を利用して」という意味を付加できます。あるいは、

⇨ディスカッション**は**リスクを回避する**手段だ**

と、ことばを補う方法もあります。

③車の免許更新で、新宿に来た（理由・動機）

　　⇨車の免許更新**のために**、新宿に来た

とすると、その目的・理由が明確になります。また、

　　⇨車の免許更新**のついでに**、新宿に来た

とすれば、新宿に来た目的は別に存在することになります。

④バリアフリー化で、社会に貢献（理由・動機）

　　⇨バリアフリー化**を提唱し**、社会に貢献

　　⇨バリアフリー化**を実践し**、社会に貢献

「提唱し」と「実践し」では「で」に隠されたことばの意味
が異なります。

⑤会社幹部の不正で、行政から指導が入った（原因・理由）

　　⇨会社幹部の不正**が問題となり**、行政から指導が入った

　　⇨会社幹部の不正**がきっかけとなり**、行政から指導が入っ
た

「問題となり」だと、それが指導の直接的な原因となります。
「きっかけとなり」とすると、他にも抱える問題があったとい
うニュアンスが出てきます。

　すべてを書き換える必要はないのですが、「で」など短い単
語で表現されるもののなかに、伝えるべき内容があることを意
識すると、文章の書き方が変わってきます。より具体的になり、
わかりやすくなります。

　「表現力を高めたい」「語彙不足を何とかしたい」という質問
を受けることがあります。表現をこねくり回す必要も、難しい

語彙を使う必要もないのです。助詞のあり方を見直すだけで、表現力だけでなく語彙をどう使いこなせばいいかが工夫できるようになります。

注意ワード **に**

格助詞「に」も、たくさんの意味を表すことができます。

東京に住む（場所）

沖縄に行く、先生に反抗する（方向）

電車に乗る（動作・作用の帰着点）

など、他にも

「に」には動作や作用が行われる、時間的・空間的な方向や範囲を表します。

青年は取材にそう話す。

この場合の「に」は、目標や対象を指定する役割になると思います。ただ、「取材」というのが取材の行為なのか、取材者を指すのかが曖昧です。

「に」が取材の行為を指すなら

⇨**青年は取材に対してそう話す。**

とした方が、意図がはっきりします。

「に」が取材者を指すなら、

⇨**青年は記者（私）にそう話す。**

とした方が、青年が話をした対象が明確になります。

助詞は、ことばがどこにかかって、どんな効果をもたらすのかが明確にするからです。一方で、それに頼りすぎて説明不足になる場合もあります。読み手が判断・理解に迷わないようにすることが、わかりやすい文章をつくるコツの一つです。

注意ワード **を**

　サ変動詞となることばに「を」を挟んで、「名詞＋を＋サ変動詞」をつくることばが増えています。

例

①お示し**を**していきたい
②ことばをおかけ**を**したい
③予定**を**されている

　本を読む（対象）

　子どもを泣かせない（主体）

　いまを盛りに咲く（時間・期間）

などのように、格助詞「を」は、動作や作用の対象・主体（使役表現）・時間などを表すものです。

　例①〜③の赤字で示した「を」は、本来必要のないものです。

　①お示ししていきたい

　②ことばをおかけしたい

　③予定されている

のようにすべきところです。ところがなぜか、少し改まった場や丁寧にものを伝えようとするときによく見かけるようになりました。特に政治家の発言に、この種の言い回しが多いのが特

徴です。

　丁寧にゆっくり伝えようとしたときに、間に挟む符号のようなものだと理解できます。しかし、こうした言い回しが丁寧語に相当するわけではありません。

改めて接続助詞について考える

　第4章のなかで、接続助詞「ので」「が」を使うと文が長くなる、ということをお話ししました（→ *p.81*）。接続助詞は他にもあります。よく見かける例をいくつか考えていきます。

注意ワード **けど**

　「けど」という接続助詞は、書きことばでは「けれども」となります。それが話しことばに寄った形で「けれど」となり、さらに「けど」と簡略化されたものです。「けれども」は、①ある事柄に対して逆の事柄を示して結びつける役割があります。

　　①筋トレはつらいけど（けれど）、体調がよくなる。

などのように使います。また、②前置きを本題に結びつけたり③二つの事柄を単につなげたりする役目があります。

　　②初めて拝見しましたけど（けれど）、素晴らしい作品と思います。（前置き）
　　③本を預かっているけど（けれど）、届けようか。（つなげる）

　先に説明したように、接続助詞は前後に異なる要素をつなぐことができます。

そのため、接続助詞に頼ると一文が長くなります。特に話しことばの場合は、②や③のように「けど」を使う傾向が目立つようです。

　インタビューしたものを文章に起こす際に、話を聞いた相手の雰囲気を出すために、話しことばをベースに文章を仕上げることがあります。

　話をするときには、身ぶり手ぶり、声の調子や聞き手の反応などのノンバーバルの力を借りることが多いので、なかなか論理的に進みません。そこに「けど」という接続助詞が、合いの手のように入ります。聞いた話を文章にするときには、整理する必要があります。

　インタビューなどを原稿にする際の注意として、二つの例を解説していきます。

例1

　今回の企画に私は特に注文はしなかったのです**けど**、色々新しい提案が出てきて、色々試したのです**けど**、どれも課題が多くて…。プレゼンテーションもうまくできなかったんです**けど**、これまでよりも**マシかなみたいな感じ**で、クライアントの反応を見る感じだったんです**けど**、質問に答えていくうちに、どんどんよくなっていった感じでした**けど**、まだまだ勉強がたりないと思いました。

　例1は何を伝えたいのかが、わかりにくい文章です。接続助詞「けど」だけでなく「マシかなみたいな感じ」という曖昧さ

を匂わすことばも使われています。そのため全体として論旨が不明瞭です。

構造をほぐしてみます。

#1．今回の企画について私は口を挟まない
#2．さまざまな提案が出た。しかし課題が多い。
#3．プレゼンもうまくいったわけではない。
#4．しかし、質問を受けるうちにクライアントの共感を得ることができた。
#5．チームとして成長していく意思を明確にした。

曖昧な文章のときは、いったんこれを要素ごとにバラして考えると、文脈をつかみやすくなります。これをもとにまとめていきます。

改善 例1 ―――――――――――――――――――――――

今回の企画**について、私から**チームに注文は**出しませんでした。さまざまな**提案が出てきましたが、どれも課題が多くて**厳しい状況でした。必ずしも**プレゼンテーションがう**まくいったわけではありません。しかし、**クライアントの質問に答えていくうちに、**次第に共感を得ることができました。これからも**チームとともに精進していきます。**

―――――――――――――――――――――――――――――――

インタビュー記事は、話したことをそのまま書けばいいというわけではありません。テープ起こしのまま原稿にするのなら、機械に任せておけばいいのです。内容を整理して、論旨を変え

ずに再構成する必要があります。話しことばを、いかに論理的な書きことばに作り替えるか、ここが勝負どころです。

注意ワード <u>ので</u>

*p.81*で解説した接続助詞「ので」は、理由や原因を表す役目があります。文の終わりにつけて後を濁すような使い方をする終助詞的な用法としても機能します。

例2

脚力は得意だった**ので**、そこはやっぱり生きているなと思いますし、体幹とか、腕の力は鍛えていた方だと思う**ので**。水泳は水の中な**ので**、うまく手と足を使えず初め難しくて、溺れることもあって危なかったんです**けど**、いまも**体幹トレーニングとか続けていて**、子どものころからの色んな運動に助けられていると思う**ので**。

これも構造をほぐしていきます。

- #1．脚力、体幹、腕の力は鍛えていた方だ
- #2．水泳は水の中なので、初めは手と足をうまく使えなかった。溺れることもあった。
- #3．いまは体幹トレーニングと子どものころにした色々な運動に助けられている。

「脚力は得意」「体幹トレーニングとか続けていて」などの言い方も、書きことばとしてふさわしいように修正します。文章の最後を「ので」で終わらせず、しっかり言い切りましょう。

これをまとめます。

改善　例2

脚力は**子どものころから強かったと思います**。体幹や腕も鍛えていました。**ところが**水泳は水の中で**行う競技です**。初めはうまく手足が使えず溺れることもありました。**いまも欠かさず、体幹トレーニング**など**を続けています**。子どものころに色々な運動をしていたことが、役に立っているのだと思います。

　文章をそれぞれの要素ごとにほぐして再構成します。その際に、できるだけ一つの要素で一つの文をつくるようにしましょう。接続助詞ではなく、接続詞をうまく使っていくと対比がはっきりします。

　ここで注意が必要です。
　書き出しに「子どものころから」を挿入しました。文章の最後に「子どものころに色々な運動をしていた」とあるからです。しかし、ここは再度確認が必要になる部分です。
　取材相手（インタビュイー）が、そういう意図で発言したことなのかどうかを確認しなくてはなりません。まずは筆者に問い合わせ、取材相手に再度確認してもらいます。

　編集者が、預かった文章を文意が通るように削ることは基本的に問題ありません。その場合も必ず、筆者に一言伝えるようにしましょう。

ただし、加筆は厳禁です。たとえ助詞一つにしても、勝手に変えてはなりません。これまで見てきたように、助詞にもさまざまな用途と意味を含んでいます。安易に加筆すると著者の考えと異なる文章ができることがあります。文章に手を入れる際には、必ず確認しなくてはなりません。

　新聞の訂正理由の一つに「デスクの加筆」があります。取材・執筆した記者に確認しないで、デスクの思い込みで加筆したりリライトしたりすることは、時に大きなミスを起こします。

　最近は、あらかじめインタビューした音声や、テープ起こしした原稿が送られてきて、それをもとに原稿にする仕事があります。また、質問項目が決まっていてそれだけを聞いてまとめる仕事もあります。それでは、書き手の意思や思考がまったく生かされない機械作業になってしまいます。論旨を変えず的確な日本語として記録する編集能力を鍛えていきましょう。

改めて修飾語の位置を考える

　わかりやすい文章をつくる際のポイントとして、修飾することばと修飾されることばの位置関係も重要です。ここでは、誤解されない文をつくることを焦点に当てて考えます。

複雑に絡んだ修飾語

そこに到るまでの文にひずみが生じている

例1

　3年生が卒業して、新体制になった野球部。練習試合を見にいった。

　初めて応援する高校生になった次男のユニホーム姿。

　1文目と2文目は、文としては特に問題にするところはなさそうです。ところが、3文目がすっきりしません。言わんとすることは大体わかるのですが、

　「初めて応援する」

　「高校生になった」

　「次男のユニフォーム姿」

の修飾が複雑になっていて、意味が取りづらい文になっています。

初めて応援する高校生になった
次男のユニホーム姿

初めて応援する　高校生になった

次男のユニホーム姿

頭から読んでいくと「初めて応援する高校生になった」とあります。この時点で「応援する高校生になった」とう状況に迷います。「応援する高校生」は応援部員のことなのか？　しかし1文目に野球部とあります。

　次を読むと「次男」とあります。これは「初めて応援する次男」とも「高校生になった次男」とも解釈できます。「初めて応援する」のは「次男」なのか「練習試合を見にいった人物」なのか。ここにも解釈の揺れが生じます。

　結局、「次男のユニホーム姿」を修飾する要素が多すぎて、まとまりを欠いてしまったのです。

　それを整理します。

改善　例1

高校生になった次男のユニホーム姿を初めて応援する。

改善　例2

高校生になった次男。初めてのユニホーム姿を応援した。

　改善例1は、「高校生になった」を「次男のユニホーム姿」にかかる修飾語とし、「初めて」という副詞が「応援する」を修飾するようにしました。

　改善例2は、次男が高校生になったことと、野球部員として姿を現したことを分けて整理しました。

　3文目を修正したうえで、改めて全体を読み直してみます。すると、1文目と2文目からのつながりがスムーズではないこ

とがわかります。

　改善例1を3文目に入れると、

・3年生が卒業して、新体制になった野球部。練習試合を見に
　いった。
　高校生になった次男のユニホーム姿を初めて応援する。

となります。「3年生が卒業して、新体制になった」というのは、
ここだけでは中学なのか高校なのかがわかりません。1文目か
らの流れがすっきりしていないことに気付きます。全体を書き
換えてみます。

改善 例3

　次男は高校で野球部に入った。3年生が卒業し、新体制に
　なったばかりの練習試合を見にいった。高校生になって初
　めてのユニホーム姿を応援する。

こうすると、

　　＃1．次男が高校で野球部に入った

　　＃2．新体制での練習試合を見にいった

　　＃3．高校になって初めてのユニホーム姿を応援する

　という比較的スムーズな流れがつくれます。

　すっきり読めない文は、そこにだけ原因があるわけではあり
ません。そこに到るまでの文に、説明不足などの無理が重なり、

ひずみがその一文に現れてしまうのです。

　頭のなかで瞬間的に浮かぶ思いは、団子状態になっています。文章にするときは、それをいったん分解して再構成する必要があるのです。

 注意ポイント 曖昧な修飾
簡単な文にこそ、誤解のタネがある

　「当然わかる」という思い込みは、危険です。次の例を見てください。

 例1

　明るい彼の妹は大学生だ。

　この場合の「明るい」のは「彼」でしょうか「妹」でしょうか。

明るい 彼の妹は大学生だ。

　「彼の妹」は、所有を表す「の」という格助詞があるため、一つの固まりとして認識され、本来なら「妹」に力点が置かれているのです。

　ところがその前に「明るい」という形容詞があるので、直後の「彼」を修飾する力が働きます。そのため、「彼の妹」が「彼」と「その妹」という具合に、パラレルに意味を持つようになり、「明るい」がどちらを修飾するのかが曖昧になるのです。

● 「明るい」が「彼」を修飾する場合

改善 例1

明るい**彼には**、大学生の妹がいる。

明るい 彼には、大学生の妹がいる。

とすれば、「明るい」は「彼」を、「大学生の」は「妹」を修飾することがはっきりします。つまり、「彼」と「その妹」を分けて、それぞれ修飾する語を近づければいいのです。

● 「明るい」が「妹」を修飾する場合

改善 例2

彼の、明るい妹は大学生だ。

彼の、明るい **妹は大学生だ。**

語順と読点を使って書き換えました。この場合、形容詞「明るい」を「妹」の直前に置いて、その結びつきをはっきりさせました。また、「彼の」の後に読点「、」を付けて、「明るい妹〜」との距離をつくります。読点「、」は、意味の固まりを区切る役目があるだけではなく、その前後に物理的な距離・空間を生み出す役目があります。

常識に頼ってはいけない

簡単な文にも複数の解釈が含まれる

次の例を見てください。

子どもの先生

「子どもの先生」の「の」という格助詞には、

　私の本（所有）

　バラの花（種類の限定）

　息子の太郎（同格）

　お菓子の○○屋（特徴）

　母からの荷物＝母から送られた荷物（動詞句の代替）

など、他にも幅広い意味があります。

そのため、「子どもの先生」という場合の「の」について、書き手と読み手の解釈が食い違う場合があります。

　解釈①　子どもがお世話になっている先生。

　解釈②　子どもが演じる先生。

　常識的には解釈①になるはずだというのは、書き手の思い込みです。学芸会などを念頭に解釈②もあり得るのです。この場合は文脈によって考えれば、誤解はないのかもしれません。

では、次の例を見てください。

例2

ニワトリのように飛べないダチョウ

これも解釈は二通りできます。

　　解釈①　ニワトリが飛ぶようには、うまく飛べないダチョ
　　　　　ウ
　　解釈②　ニワトリと同様に飛べないダチョウ

ニワトリとダチョウがともに空を飛べないことがわかっていれば、解釈②だということはわかります。これは、常識です。

ところが、その「常識」を知らない人が読めば、解釈①も成立するのです。

例1も**例2**も、解釈で示したように書けば、誤解はなくなります。

「常識的にわかる」という書き手の意識は、読み手を想定していないということにもなるのです。つまり「常識」は、人によって異なるからです。「常識」に頼った書き方は思わぬ誤解を招く場合があることを意識しましょう。

校閲七つの教訓

要注意の数字と固有名詞

新聞社にいたときに、訂正の分析をしたことがあります。「数字」と「固有名詞」の間違いがほぼ半数を占めていました。データそのものについての間違いは、案外少ないのです。僕自身12年ほどコラムやエッセイを書いてきて、訂正を何回か出したことがあります。校了日に転勤の引っ越し作業中だったり、出張の移動中だったり、集中して点検できなかったときに訂正を出しました。時間があっても勘違いから抜け出せなかったこともあります。こうした個人的な事情は、読者には関係ありません。

　僕自身が出した訂正もやはり数字に関係するものが多いのです。こうした事例も含めて「数字」「固有名詞」「写真」を中心に、経験した内容を七つの教訓にまとめてお話ししたいと思います。詳しい分析に沿って説明すれば、その教訓はもう少し多くなります。細かすぎる事例をあげてもきりがありません。経験を踏まえて、まずは押さえるべきポイントを示しました。なお、ここで取り上げる事例は、新聞の訂正をもとに僕がオリジナルにまとめたものです。掲載日を示しているものは、該当記事の一部を朝日新聞から引用しました。

教訓1　単位を無意識に使わない。間違いは無意識のなかに

▶ 「割・分・厘」より「％」で表記するよう心がける。

・・

　2018年4月〜2019年3月に、水曜夕刊に「ことばのたまゆ

ら」というコラムを連載していました。ことばを調べるために僕たちは辞書を引きます。ことばは時代によって変化しています。その変化に辞書が追いついていないのではないか、という思いから連載を始めたものです。

　たとえば、辞書で「老後」ということばを引くと「老いて後」とあります。老いて後にあるものは何だろう。そして老いて後のラインは、誰がどう引いているのだろうか。高齢化社会のなかでそんな疑問を持つのです。ことばは社会の動きと切り離して語ることができません。そうしたことばの社会的な背景などを考えてみたかったのです。

　文章を書くときに、僕はオノマトペを使うように意識しています。それは、硬くなりがちな文章をできるだけ平易に書くための手段に使いたいと思っているからです。結果としてオノマトペを使うことがなくても、平易に書くための意識付けとしてとても有効です。

　しかし、なぜそれが有効なのか、その理由がいまひとつはっきりしませんでした。そこで、専門家の話を聞こうと、明治大学文学部の小野正弘教授を訪ねました。

　小野教授は『日本語オノマトペ辞典』の編者です。『日本国語大辞典（略称：日国）』（ともに小学館）をベースにオノマトペを採取したといいます。

　「日国」は、約50万語を採録している日本最大級の国語辞典です。そのなかからオノマトペに該当する語を4500語ほど抽出し、修正・加筆してつくったとのことでした。その際に「（オ

ノマトペは）日国の１％くらいなんですね」という確認をしていました。

2019年１月30日付で掲載した該当部分の記述は、こうです。

「日本国語大辞典」（小学館）には、約50万のことばが載っている。そのうちオノマトペは１割ほどを占める。

初稿段階では「そのうちオノマトペは4500語ほどを占める」と具体的な数字を記していました。しかし、字数があふれたので短くしようと考えました。そのときに「１％」とすべきところを「１割」としてしまったのです。当たり前のことですが、「１割」は「10％」です。

野球の打率のように３割３分３厘というような並びでなら、分や厘をイメージしやすいと思います。しかし、「１％」を単独で「１分」とするのは、あまりなじみのある表記ではありません。当該部分を

そのうちオノマトペは１分ほどを占める。

と書いていたら、むしろ違和感があったと思うのです。スルッと「１割」と書いてしまった背景には、使いなじみの問題もあったようです。

読者からはすぐに問い合わせがきました。「１割は間違いではないか。50万語の１割だと５万語だ。いくらなんでもそんなに多いわけがない」

ご指摘はもっともです。常識で考えれば、10語に１語がオノ

マトペであるわけがありません。計算間違いでもなく、勘違い
でもありません。

「何度も確認をしていたはずなのに…」

一度書いたことは既存の意識としてすり込まれ、何度読み返
してもなかなか間違いには気付きません。書き手としては、表
現の方に意識をとられがちです。事実確認については、漠然と
した確認では問題を見つけることができません。間違いは無意
識のなかに存在するのです。

単位についての勘違いであったり、計算違いであったり、取
材時の確認不足であったりと、さまざまな要因が考えられます。
しかし、「１割」と「１％」が記事に出たときには、とにかく
要注意なのです。

教訓2

面積は正方形に当てはめて、１辺の長さを計算する

▶ 変換ツールの活用も。

・・・

アール、ヘクタールを平方メートルに変換する計算は、小学
校で習っているはずです。

１アールは正方形の面積にすると１辺が10メートルなので、
100平方メートルです。

$$1a = 10m \times 10m = 100㎡$$

同様に、１ヘクタールは１辺が100メートルなので、１万平
方メートルです。

$$1ha = 100m \times 100m = 10000㎡$$

　しかし、この面積を実感することはあまりありません。単位が大きくなればなるほど、実感から離れていくからです。

人口約372万人の横浜市は面積約437平方メートル…

　横浜市の面積は「約437万」平方メートルです。指摘されれば、すぐわかる間違いです。437平方メートルを正方形に置き換えて考えると、約21メートル四方ということになります。ここに372万人もの人が住めるわけがありません。まさに立錐の余地もありません。

新しくできるスポーツジムは、約１万ヘクタールの敷地に建設予定。

　１ヘクタールは１万平方メートル。正方形の面積で示せば、１辺が100メートルです。これに倣えば、１万ヘクタールは１億平方メートル。１辺が10キロメートルの正方形に相当します。さすがにそれほど大きな敷地はないだろうと想像できます。こ

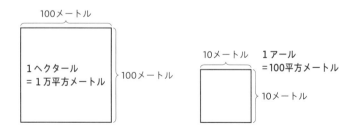

の場合、1ヘクタールが妥当だということがわかります。

　ちなみに東京の山手線の内側の面積が約63平方キロメートル、大阪環状線の内側は約30平方キロメートルです。

　公の文書では尺貫法（しゃっかんほう）は、使わないことになっています。しかし、慣例として面積に反・坪などを使うことがあります。それをメートル法に換算するときに間違えることもあります。

　数字が大きくなったり、普段あまり意識していない単位が出てきたりすると、想像が追いつかなくなります。それがミスの要因ともなります。面積は正方形に当てはめて、1辺の長さを確認します。図を描いて確かめるのも有効です。もし自信がなければ、ネット上に単位を変換するツールがあるので、それで確認してみるといいでしょう。

教訓3　常識の両義性を意識する

▶内容を理解しつつ文字を押さえる。

・・

　指摘されれば「常識だよね」という間違いは多いものです。先に書いたオノマトペや面積の間違いも、常識の範囲で解決できるものです。それでもなぜか、常識が有効活用できないのです。

**　1台150万円以上する高級外国車が3台盗まれ、約5千万**

円の被害が出た。

「１台150万円以上」とあるので、数学的には１台が200万円でも１千万円でも間違いとは言えません。しかし、

①１台150万円が高級外国車に相当する額と言えるかどうか。

②被害額約５千万円との差が大きすぎる。

こうした視点で例を考えれば、

１台1500万円以上する高級外国車が３台盗まれ、約５千万円の被害が出た。

とするのが、常識だろうと思います。しかし、注意しないと「150万円」を頭の中で「1500万円」と変換して読んでしまうことがあります。また、「150万円**以上**とあるので問題ない」と、自らを納得させてしまう場合もあります。

文章を読んでわからないことがあれば、資料などをあたって確認作業をします。その結果、校閲者自身が納得してよしとしてしまうことがあります。これが落とし穴です。校閲は自分を納得させる作業ではありません。

読者が資料を参照しながら文章を読むことはありません。わからない文章には、何かが欠落しているのです。それが、文章表現の問題なのか、資料の扱い方なのか、を見極めて、書き手にアドバイスしていくことが校閲の仕事です。

文章がスッと通らないところには、書き手が内容を消化できていなかったり、迷いが生じたりしている証拠です。事実確認を通して、そうした部分を解きほぐしていかなくてはなりませ

ん。そこに常識というフィルターが、ことのほか必要になるのです。

　予算などの原稿は数字と項目が並ぶ一覧が載ることがあります。その際「単位：千円」とする場合があります。

　500万円なら「5000」と表記します。これは「5000千円」という意味です。

　ところが「単位：千円」なのに勘違いして、１千万円を「1000」としてしまうケースが出てきます。正しくは「10000」です。

　単位は一覧の注として載せる場合が多く、書き手は次第に単位を失念してしまうのです。

　校閲は単位だけを確認しているわけではありません。項目の内容・本文との整合性・一覧の体裁など多岐にわたります。項目を追うごとに単位への意識が薄れてしまいます。

　先の例で言えば、１千万円が「1000」とあっても「常識」のなかで OK としてしまうケースが出てきます。

　常識というフィルターが、一方で点検の精度を落としてしまう場合もあるのです。

**　　原稿は読むな、文字を押さえろ。しかし、内容は理解しろ**

　これは、校閲に配属された当時、よく先輩から言われたことばです。単純な照合作業であればあるほど、機械的な慣れが生じます。内容を理解しつつ文字を押さえる。こんな矛盾した教えを実践するのは、やはり至難の業なのです。

愚直に計算。
生活実感に照らす

教訓4

・・・

　文章に書かれた数字を計算するだけで、簡単に確認できる場合もあります。

　　**今回の自動車レースは、1周約46キロのサーキットを65周、
　　300キロを走る。**

　これは計算すれば46キロ×65周＝2990キロです。300キロとはほど遠い距離です。1周46キロというサーキットコースも疑ってみなくてはなりません。46キロという距離は、東京駅から中央線に沿って西に向かうと、直線距離で八王子を越えて高尾山までになります。大阪駅を起点にすると、西は明石、北東方向に行くと大津の手前辺りになります。円周の長さ46キロの直径は14.6キロほどです。

　　46キロ÷3.14＝14.69キロ

　東京の山手線や大阪環状線をのみ込むほどの大きさです。生活実感に照らしてみれば、これほど長いサーキットコースが存在するのかどうかを疑うことができるのではないでしょうか。

　この場合は、単純に総距離の300キロを65周で割れば、1周当たりの距離が出ます。つまり、

　　300キロ÷65周＝4.615キロ

です。1周は46キロではなく、4.6キロです。これは日本で代表的な富士スピードウェイのサーキットの距離です。鈴鹿サーキットは約5.8キロです。

ル・マン24時間耐久自動車レースは、公道とサーキットを組み合わせたコースで13.6キロほどです。世界最長と言われるドイツのニュルブルクリンクの北コースは1周約20.8キロで、高低差も300メートルと言われ、その過酷さから「グリーンヘル」と称されています。

教訓5 字解きで固有名詞を確認

▶読み合わせの場合は、相手が聞いてわかるように丁寧に。

人名は読み方がさまざまです。人名に使用できる漢字は常用漢字と併せ、人名用漢字に定められています。しかしその読み方は常識が通用しない場面もあるので、注意が必要です。間違えると、その人の人格・人権を傷つける場合もあります。

将棋の加藤一二三さんや、柔道66キロ級の阿部一二三さんの「一二三」は「ひふみ」と読みます。しかし、キラキラネームがはやったときに「一二三」を「ワルツ」と読ませたケースもあります。1、2、3が三拍子のリズムを連想させるからだそうです。

あまりにも極端な読み方は、実生活でも不都合を生じることがあります。最近は人名に使う漢字の読み方を見直すべきだと

いう論議も出ています。

　「あべ」という姓の主な著名人を取り上げてみます。
　　安部＝安部譲二（作家）
　　安倍＝安倍晴明（平安時代の陰陽家）、安倍晋三（元首相）、
　　　　　安倍なつみ（歌手）
　　阿倍＝阿倍仲麻呂（奈良時代の学者）
　　阿部＝阿部一族（森鷗外の小説タイトル）、阿部定（猟奇事
　　　　　件の犯人）、阿部慎之助（野球選手）

　漢字の組み合わせの多い姓の一つです。
　こうした固有名詞の表記を確認する方法として「読み合わせ」
という手法があります。一人が印字された紙を読み、もう一人
が元原稿（元資料）を見ていく確認方法です。相手にわかるよ
うに字の説明（字解き）をしながら確認していきます。

　たとえば「安倍」を説明するときに「あべ元首相のあべ」と
言っても、聞いて確認する側が正確な漢字表記を知らないと、
成立しません。それは「阿部」でも同様で、「あべ慎之助のあ
べ」と言われても、野球に興味のない人もいるでしょうし、彼
の存在は知っていても正確な漢字表記までは知らない人もいる
でしょう。それでは、読み合わせの意味がありません。
　「松任谷由実のゆみ」と説明しても、この歌手の名前表記を
「由美」で覚えていたら、間違いを誘発します。「ゆみ」にはカ
タカナ、ひらがなを含め、由美、結美、結実、裕美などさまざ
まな表記があります。

普段の生活で、名前の読み方と漢字表記をしっかり確認している人は、そう多くないはずです。読み合わせの成否は、原稿の読み手と聞き手の知識や興味など、双方の共有知識による部分も大きいのです。

　「安倍」を説明するなら「安＝安いのアン／安心のアン」「倍＝にんべんのバイ／２倍３倍のバイ」などと、漢字の部品や音訓を併せて説明します。「阿部」なら「阿＝おもねるのア／こざと偏のア／阿弥陀のア」「部＝部長のブ／部活のブ」などのようにします。

　重要なのは、相手がわかる字解きであるかどうかです。

　阿には「おもね・る」という訓があります。しかしそれを知らない人に「おもねるのア」と言っても漢字を思い浮かべることができません。また「こざと偏」がわからなかったり、阿弥陀という表記がスッと頭に浮かばなかったりすると、相互での確認は難しいかもしれません。

　字形の似た漢字にも注意が必要です。たとえば「しげひこ」という名前をパソコンで変換すると、「重彦」「繁彦」「樹彦」「茂彦」などが出てきます。あるとき、「成彦」が「茂彦」と誤記していたとして、訂正が載っていたことがあります。「成彦」も「しげひこ」と

読むのです。「茂」と「成」は、字の形がよく似ています。「成彦」を「しげひこ」と読まず「なるひこ」とすれば、原稿を書く際の間違いは避けやすいと思います。

　パソコンの画面は解像度の関係もあり、細かい部分がはっきり見えないことがあります。手書きのときは、漢字が思い浮かばなければ辞書を引いて確認していました。しかしいまはパソコンのキーボードを打つと、それに該当することばの候補が自動的に現れます。しかも学習機能もあるので、直前に使ったことばや頻出することばを優先して出現させます。僕たちはその中から選択するのです。そのときに頭の中では、大体の字の形をイメージしているので、似て非なる文字を選択してしまうこともあります。変換されるスピードが、細部を確認するスピードを遥かに上回っているからです。

　固有名詞は、漢字の取り違えが多いので、間違えやすい代表的なものを以下に記しておきます。

崇（スウ・たかし＝山＋宗） 祟（スイ・たたる＝出＋示）	隈（ワイ・くま＝こざと偏＋畏） 隅（グウ・すみ＝こざと偏＋禺）

宣（セン・のべる＝ウ冠＋亘） 宜（ギ・よろしく＝ウ冠＋且）	昂（コウ・たかぶる＝日＋卬） 昴（ボウ・すばる＝日＋卯）

それでも、校閲の基本はしっかり読むことだ

··

禁煙か喫煙か、それが問題だ

2009年7月1日、夕刊の作業時です。最初の紙面の印刷が始まってしばらくすると、僕の机の電話が鳴りました。取ると編集局長からでした。当時僕は、大阪の校閲マネジャーをしていました。

「JR西の記事を読んだか。**禁煙が喫煙**になってるぞ！」

まだ、刷り上がった新聞が僕の手元に届いていませんでした。フロアを見渡すと、アルバイトさんが各部に刷り上がった新聞を届けているところでした。僕は急いでアルバイトさんのとこ

3版

JR西、近畿の251駅禁煙

愛煙家「吸える場所を」
嫌煙派「気持ちがいい」

JR西日本の近畿2府4県の251駅が1日、全面禁煙になった。出社前の「ホームでの一服」ができなくなり、行き場を失った愛煙家の煙は、駅近くのファストフード店や喫茶店などに。禁煙スペースにまであふれた。嫌煙派は「気持ちがいい」と歓迎しつつも、マナーの悪化を懸念する。

（金指光宏、青田貴光、野上英文）

ぶきたな様子で立っていた。
4月入社の社会人1年生。自宅最寄りの尼崎駅から一服、さらに勤務先の最寄りの元町駅（神戸市中央区）で一服し、「落ち込みがちな気持ちを高ぶらせてから」出勤するのが日課だった。
いつもり過ごす1本早い電車に乗ったが、つり革を握りながらもたばこが頭に浮か

「ひょっとしたら」つものようにJR尼崎駅ホームの端へと急いだが、やはりなかった。毎朝、顔を合わせる「愛煙仲間」たちも手持ちか

（喫煙コーナーがあるかも）
兵庫県尼崎市の会社員、堀田源貴さん（22）は1日朝、い

2009年7月1日付
朝日新聞（大阪）夕刊
3版社会面

225

ろに行って、紙面を一部もらって社会面を開きました。すると
「ＪＲ西、近畿の251駅禁煙」の見出しが目に入りました。見出
しは間違っていません。あれ？　と思って記事を読み出すと、
前文の１行目に、

**JR西日本の近畿２府４県の251駅が１日、全面喫煙になっ
た。**

　全面喫煙！　この日、ＪＲ西が全面禁煙になることは、だい
ぶ前から駅でもアナウンスされ、テレビでも話題に取り上げら
れ、市民にも周知されていました。それなりに大きなニュース
です。当然、この日の夕刊で取り上げることは、事前にわかっ
ていました。
　誰もが知っていることです。だからこそ、編集者は原稿を読
むまでもなく「全面禁煙」と見出しに取っているのです。まさ
か、その前文の１行目に「全面喫煙」になっているとは思いも
しません。社会面の校閲担当者はベテラン中のベテラン。誤字
を見落とすことは、まずありません。手堅い仕事をすることで
信頼の厚い部員です。それでもミスは起こるのです。
　誰もが事前に知っている内容。「全面」とあれば「禁煙」と
続く。そういう思い込みがあったのです。それは「全面禁煙」
が、ひとかたまりで記憶されていたからです。

　わかっていたはず、冷静に読んだはず、確認したはず。
　「したはず」は「していない」と同義です。
　思わず、読み飛ばしてしまう例として、

内蔵脂肪　→　内臓脂肪
　一酸化酸素　→　一酸化炭素
　上野恩腸公園　→　上野恩賜公園
　論旨免職　→　諭旨免職

などがあります。

　これらも、かたまりとして記憶している単語です。意味を理解しながら表記をしっかりと捉えるのは、並大抵のことではありません。

「内容を理解しつつ、文字を押さえる」

　ここでもこの基本動作が生きます。

電信柱がバイクに突っ込む?!

　犬が人を嚙んでもニュースにならないが、人が犬を嚙んだらニュースになる、と言われます。ニュースバリューのことを言っているのですが、実際の記事では笑えない「てにをは」の間違いもあります。

　１．電信柱がバイクに突っ込み、運転手が大けがをした。
　２．ゴミ箱は所定のゴミに捨ててください。
　３．深呼吸をして空気に肺をためる。

　１．は、電信柱は止まっているので、それがバイクに突っ込むわけがありません。

　電信柱にバイクが突っ込み、運転手が大けがをした。

とすべきところです。

　2．は、深読みをしてしまいそうです。ゴミ箱だっていつか
はゴミになります。そのときに所定のゴミとして捨てるように、
という注意書きにも読めてしまうからです。とはいえ、ここは、
　　ゴミは所定のゴミ箱に捨ててください。
というのが、この文の趣旨です。

　3．も空気に肺をためられるわけがありません。ここも
　　深呼吸をして肺に空気をためる。
ということです。いずれも常識的な判断でわかることなのです
が、なぜか、こうした事例がポツポツと出てきます。笑い話の
うちはいいのですが、これが加害者と被害者を取り違えたりす
ると大変です。

　　1回読んで気付かないことは100回読んでも気付かない。
　　しかし、101回読めば、そこに気付くことができる。

　これも先輩からの教えの一つです。一度読んで見落としたこ
とを、再度確認しようとしてもその箇所を探すのは、難しいも
のです。
　一度スルーしてしまうと、意識の引き出しのどこに入れたか
を忘れてしまいます。それを探すことは、とても労力のいるこ
とです。また最初から探さなくてはならないという精神的な負
担と、まあ大丈夫だろうと思う奇妙な楽観がせめぎ合うからで
す。だから、何度読んでもひっかかりが見つからないのです。

これが「1回読んで気付かないことは100回読んでも気付かない」という表現になっているのです。

　ところが、少し間を空けて頭をクールダウンして、しつこく何度も読み返していくと、ちょっとした視点の変化が生まれることがあります。それまで気付かなかったことが、原稿から浮かび上がっているという経験があります。

　一度は、原稿の意味するところを意識しながら、文字を押さえて読みます。そして次に、内容をしっかり理解しながら、使われていることばを読み解いていくのです。慣れてくると、それを同時にできるようになってきます。

　「101回読めば、そこに気付くことができる」は、「読書百遍、意自ずから通ず」という格言の校閲バージョンとも言えます。

 教訓7 **デジタル写真は拡大して確認**

▶**2000年まではフィルムも。**

・・・

　2013年12月6日付夕刊1面に、「マンデラ元大統領死去」の記事が掲載されました。これについた写真は、ロイターからの配信でした。しかし左右が逆、いわゆる裏焼きだったのです。通常、裏焼きかどうかは襟の合わせで確認できます。着物姿の写真やイラストなどは、左前になっていないかを確認します。

　この写真は、マンデラ氏が片腕をあげているのでスーツの合わせがはっきりしませんでした。注意深く見ると、妻のウィニ

ーさんは右腕に時計をしているのがわかります。しかし、腕時計をどちらの腕に着けているかは、利き腕や好みによって異なるので、決定打とはりなません。

デジタルカメラの時代に、裏焼き？と思うのですが、この写真は1990年に撮影されたものです。フィルムを使っていた可能性が高いのです。フィルム時代の写真をデジタル化してデータベースにしているのです。

デジタル化する際に、フィルムの写真を裏側にして取り込んでしまったようです。実は、配信元がそれに気付いて、写真の修正・取り替えを配信していたのです。それに気付かず、間違った写真データで紙面をつくってしまったのです。

訂正とともに正しい写真を再掲しました。それと比較すると、不思議なことに裏焼きの写真はどこか不自然に思えるのです。

新聞社でデジタルのスチールカメラが普及したのは、2000年前後です。同年のシドニー五輪で本格導入されたと言われています。

SNS などにあげられた写真は、拡大して見ることができます。その機能を利用して、写真を確認することができます。警務課採用の主任を務めていた警察官が PR として紙面に登場したことがあります。その主任の写真につくキャプションに

警務課採用係の主任を務める○○巡査長

とありました。原稿も「巡査長」でした。本文とキャプションが同じなので、普通はこれで整合性は取れているとするところ

です。しかし、胸元には階級章がついていました。校閲の担当者がその部分を拡大すると、縦線が３本入っていたのです。これは「巡査部長」です。確認を取ると、指摘通り巡査部長だったのです。

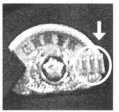

　１枚の写真には、たくさんの情報が詰まっています。キャプション、撮影日時の確認だけでなく、そこに写っているモノ自体の真偽を見極める高度な確認作業が必要になります。
写真は単なる彩りとして紙面を飾るものではありません。
そのことを意識して、点検作業をしなくてはなりません。

第8章　校閲七つの教訓

231

column
4

なぜ書くのか

　中学3年のときに文通相手を紹介されました。彼女は筆まめで、2週間に1回ほどのペースで手紙が届きました。僕は2カ月に1回ほどしか返事を出せませんでした。書くことがなかったからです。

　高校の受験に失敗した僕は、まったくやる気をなくし手紙を書かなくなりました。高校2年を迎えるころに「なぜ、書かないのだ」という手紙が届きました。「なぜ、書かないのだ」という問いは、「なぜ、書かなくてはならないのか」という逆向きの問いとなって、頭の中を回り始めました。

　受験に失敗して、ことばにならない喪失感が覆いかぶさり、うまく息が吸えないのです。ぽっかり空いた穴を埋めるために、ひたすら本を渉猟し、大音量でロックを聞きました。空いた穴は何かでふさがなくてはならない。内に内にと入り込んでいきました。

　言うなれば、精神的過呼吸。何かを取り込もうともがいて、息を吸うことばかりに意識が向き、吐くことを忘れていたのです。

　「なぜ、書かないのだ」ということばは、「なぜ、吐き出さないのか」「ちゃんと呼吸をして、過呼吸から脱せよ」というサインだったように思えました。必要なのはインプットではなくアウトプットではないのか、と。

　僕は、まっさらなB5版のノートに向かいました。書くことなんて何もないと思っていました。ところが、書き出したら止まりません。支離滅裂な内容。誰に見せるつもりでもなかったそのノートを、僕は文通相手に送りました。返事は期待していませんでした。

それから数週間後、手紙が届きました。「よかった。ありがとう」

それ以降、こんな乱暴な文章を送ることはありませんでした。それでも僕はひたすらノートに書き続けました。

自分の存在は、過去から未来に流れる瞬間瞬間に積み重ねられた「時」によって形づくられます。人生観や思考はその「時」に大きく依っています。つまり、文章は自分自身の「時」を記すことでもあります。「時」を記すことは、自分自身の存在意義を明らかにする行為です。それは、いつでも自分に立ち返ることができる「場」をつくることにもなります。

深い怒りや悲しみは、時とともに和らぐということはなく、ただ意識の底に沈潜していくだけなのかもしれません。それでも、時とともに怒りや悲しみのグレードは（変化しないということも含めて）変化します。経年の変化を知ることはその状況を比較できます。その時々の気持ちのゆらぎを記録し続ければ、時間の経過によって余分なものが削ぎ落とされ「芯」が立ち現れます。時間を友として、それを客観的に見て長期的な判断をすることが、「時」を記す意義です。

文章を書くということは、「思考の軌跡」を記すことだと、僕は信じています。

遠回りをして、社会に出たときは26歳でした。遅すぎた一歩です。でも僕は文章を書き続けることによって、一歩を踏み出すことができました。「思考の軌跡」は「人生の奇跡」を与えてくれました。人生はそう捨てたものではない。

僕が文章を書き、人に文章を書くことを勧めるのには、こんな思いがあるからなのです。

第 9 章

気をつけるべき表現 その考え方

ことばの背景を考えよう

いわゆる差別表現、不快表現と言われるものがあります。かつては、そうした表現やことばに対して「禁句集」をつくって、それに抵触しないようにすることが重要だという考えが中心でした。「禁句集」には、ことばをマニュアル化する側面がありました。ことばを封印する傾向が強く、そのことばが生まれた背景を理解するには不十分なものでした。

　そのため禁句集に載っていないことばに直面すると、答えが見いだせなくなってしまうという大きな欠点を背負っていました。一方で、「禁句集」に取り上げられていたことばが、社会情勢の変化などにより時代に取り残されたことば＝死語となり、それに変わる表現や考え方が生まれてきた側面もあります。

　いまは「禁句集」に頼るのではなく、ことばに対する「考え方の理解」が大切だという方向に移ってきました。もちろん、個別の事例について、簡単に答えが導き出せないという問題はいまも抱えています。それでも答えが見つからないことを考え続けることこそが、重要なのではないかと考えています。

　僕は大学で演劇を専攻しました。オリエンテーションで映画が専門の教授がこう言いました。「映画を研究することに意味はないかもしれない。しかし、意味がないことを続けることに意味があると思っている」

　どういうわけか僕はことばに関わる仕事をするようになり、何十年も前に聞いたこのことばをいま、嚙みしめています。

　「ことばについて考えることに意味はないのかもしれない。しかし、意味のないことを考え続けることに意味があるのではないか」

ネット社会になって、情報が増えるに従って「時間をかけずに効率よく」という経済の動きを反映して、言語活動が省力化する方向に傾いているように感じます。言を尽くさず数の力で物事を推し進める先にある社会は、何か大事なことを取りこぼしてしまうのではないかという不安があります。

　過剰敬語やいわゆる JK 語、チャットことばなどは、社会を反映して生まれてきました。ことばは時代を映し出す鏡だからです。そうしたなかに、これまで特に問題とされなかった表現などが注目されるようになったのも、その背景に社会の動きがあるからです。

「協力」ということばの複雑性

　「協力」ということばは、「ある目的に向かって力を合わせること」という意味があります。本来、そのことばを使うことに批判が向かうものではないはずです。しかし、女性の社会進出が進むにつれ、家庭内における男性の役割にも目が向けられるようになります。

　男性が「家事に協力する」「育児に協力する」という表現をすると、いかにも他人事のようだ、という見方がされるようになったのです。家庭は夫婦で築くものだという基本をないがしろにしているのではないか、という意見です。

　これを単純に「家事に積極的だ」「育児に積極的だ」という言い方に変えることがあります。しかし、それが実態に見合った表現なのかという問題とともに、ここに女性が家事や育児に積極的であるという前提があるとするなら、これも違うのではないか、という思いが働きます。「協力」ということばの有り

様を、家事や育児に対して「積極的」対「消極的」という図式に落とし込むことに無理があるということです。

　積極的であろうがなかろうが、一方が社会と家庭のなかで担うべき役割が多く、負担がかかりすぎていることが問題なのです。そして、さらに複雑にしているのは、これは単純に男女という大きなくくりでまとめることも難しい、属人的な問題でもあるからです。

　ことばのマニュアル化は一定の成果があります。しかし、それでは片付かない問題への理解を深めるためには、やはり考え続ける時間が必要です。言語活動や言語表現を豊かにするには、一朝一夕にはできません。

固定観念からの脱却

　それは僕たちがずっと持ち続けている無意識の固定観念が高い壁となって立ちはだかっているからです。敬語は8世紀の文献に尊敬語と謙譲語が登場しているというのが通説です。10世紀には丁寧語が出現していると言われます。敬語が生まれた背景は定かでないにしろ、当時の身分社会の中における序列を表現したものであることがわかります。

　使われ方は変化していますが、身分制度のないいまの社会でも敬語は使われているのです。一概に悪いことではありませんが、そのなかに8世紀から積み上がった観念が脈々と受け継がれていることは否定できません。過剰敬語もこうした背景のなかにあるでしょうし、現代における上下関係が、パワーハラスメントやセクシャルハラスメントを生み出す遠因になっているとも言えます。

固定観念は、直接相手を侮辱することばだけでなく、比喩表現などにも含まれています。

　「○○までして頑張った」という表現があります。「○○」に職業を入れて、つらいことや苦労したことを表現する場合などに使われます。悪意はなく頑張った人に対するほめことばとして使われているのです。「厳しい状況から頑張ってきた」という意味を伝えたいという意図は理解できます。一方でその職業に従事している人に対する意識が抜け落ちているということが問題になります。

　「○○までして」の「まで」という副助詞には、普通の枠を超えて極端な場合に及ぶことを表したり、行き着いた程度や段階を表したりする作用があります。つまり、その職業を「つらいこと」や「よくないこと」のたとえに使うと、侮辱する意図がなかったとしても、結果的にその職業に就いている人たちを傷つけてしまうことにもなるのです。それがエスカレートすると「○○ふぜいが」という言い方も生まれてきます。

　「○○ならでは」「○○らしい」という、性別や人種をもとにした表現もあります。ほめことばとして使われることが多いので、よしとする傾向があります。しかし、これも○○に入る部分のことばに染みついた固定観念が払拭できていない表現になっていることを意識しなくてはなりません。

女性の目線で弱者に向き合いたい。

などと女性がインタビューに答えたときに、これをこのまま使っていいのか、という問題もあります。女性自身が「女性の目線」と言っているのだから、問題なしとすることもできます。しかし、「女性の目線」って何のことだろうと思うのです。弱者に向き合うときに「男性の目線」という対称性があるのかどうか、そこが気になります。

　「女性の目線」が、「細やかな対応」「親身になって話を聞くこと」などというイメージを持つとするなら、それも固定観念にとらわれた表現です。「女性ならでは」「女性らしい」という意識と同様の意味を持つからです。「細やかな対応」「親身になって話を聞くこと」は男女で区別されるものではありません。これも極めて属人的な問題なのです。インタビューの相手に、もう一歩踏み込んで「女性の目線とは何ですか？」という内容を聞き出せれば、より具体的な話を知ることができるかもしれません。男女のくくりで捉えるところに、矛盾が生まれてきます。

　第7章（→ p.174）でも書きましたが、「癒やし」「寄り添う」など、その時代・その社会背景に生まれたことばは、多くの人が共通の感覚を持っています。詳しい説明をしなくても理解しやすく共感を呼びやすく収まりがいいのです。「女性の目線」というだけで、何となく伝わります。「何となく伝わる」ということは、すでに固定観念に縛られたものだと言えるのです。ことばがアイコンのように使われているだけの場合もあります。「何となく伝わる」ことばが担っている意味を伝えるようにしないと、ことばの存在そのものがふわっと宙に浮いてしまいかねません。

多様性の持つ意味

　文章を書いたり直したりする際に多様性という観点からジェンダーについて話されることが多いと思います。もちろん、これも一つの見方です。しかし多様性には「性のあり方」だけでなく「種のあり方」「世代間のあり方」のようなものも含まれています。

　たとえば、地方に移住した家族に対してインタビューをする際、そのお子さんに次のような質問をしたとします。

**　もう幼稚園には慣れたかな？　お友達はたくさんできた？**

　この質問は一般的には何の問題もないように思えます。

　しかし、この質問の背景に、子どもは「友達はたくさんいた方がいい」「元気いっぱいがいい」といった固定観念が潜んでいるのではないか、という疑問を一度持つことも必要だと思うのです。

　考えすぎだろう、という意見も当然あると思います。しかし、内気で友達がなかなかできない子どもや、友達が少なくてもその関係を大切にしている子どももいるはずです。こうした関係のあり方も多様性として考えるべきなのです。

　僕たちは、一方の価値観でものごとを見ることに慣れています。そのため、他方の価値観に気付かない場合があります。

ニワトリは鳥ではない？

　これは、「男性が行動的で、外で働くもの」「女性がおしとやかで、家を守るもの」といった固定観念・価値観にも通ずるも

のがあります。

　男と女を、辞書で見てみると

　　男＝ヒトの性のうち、女を妊娠させるための器官と生理を
　　持つ方の性
　　女＝ヒトの性のうち、子供を生むための器官と生理を持つ
　　方の性

とあります。生物学的な対比で解釈されたものです。では、何
らかの事情でこれらの器官と生理を失った人は「男ではない」
「女ではない」ということになるのでしょうか。

　これは、「語義」を定めなければならない辞書の特性として
仕方がないことかもしれません。僕たちは、ことばを調べるた
めに辞書を引きます。しかし辞書がすべてを言い表せるわけで
はない、ということも理解しておかなくてはなりません。「辞
書は批判的に読む」という視点も必要なのです。

　ことばを定義すると、その定義から外れるものが必ず出てき
ます。たとえば鳥を

　　「卵生・温血の脊椎動物で、羽毛におおわれ、翼で空を飛
　　ぶもの」

と定義すると、ニワトリやダチョウやペンギンは鳥ではなくな
ります。もちろん、辞書がこうした誤解を招くような語釈を載
せているわけではありません。

　ここで言いたいのは、ことばの定義一つで語られるものが変

わってくるということです。そして僕たちは、その定義を生活のなかから得られた情報＝言語環境をもとに、何となく把握しているにすぎません。そこに感情や感覚がのって、ことばに対するイメージをつくり上げてしまいます。

　時には「ことばの定義」にも注意を向けたいと思うのです。

〇は〇か、△は△かを疑う

　取材したり校閲したりするときに、とても重要な考え方があります。

「それは本当か」

と、常に疑問を持ち確認する作業です。

　　1．人の話を聞いて、それを鵜呑みにしてはいけない。
　　2．必ずその裏付けを取って、違う角度からのエビデンスを取る。

ということです。

　ある形を見てAさんは「それは二等辺三角形です」と答えました。同じものを見たBさんに聞くと「円です」と答えます。

　どちらかが間違っているのか、それとも双方が正しいことを言っているのか。それを検証しなくてはなりません。そして、改めて自分でそれを確かめにいきます。

視点によって形は変わる

 は同じ図形を
表している?!

　すると、2人とも正しいことを言っていたのです。Aさんは、その形を水平方向から見て二等辺三角形と言いました。Bさんは、垂直方向から見て円だと答えたのです。

　実は、円錐形を違う方向から見ていたのです。視点によって、形は変わります。

| 水平方向から 見た形 | 円錐形 | 垂直方向から 見た形 |

　こうした確認をしたうえで書かなくては、正確な原稿は書けません。また、点検する際にも「それは本当か」という視点は必要です。

　僕が「視点」「ものの見方」を考えるきっかけになった文章が二つあります。一つはサミュエル・ベケットの『ゴドーを待ちながら』（ベケット戯曲全集・白水社）の中に登場するポッツ

ォの台詞の一節です。

　　世界の涙は不変だ。誰か一人が泣きだすたびに、どこかで、
　　誰かが泣きやんでいる。笑いについても同様だ。（笑う。）
　　だから、世の中の悪口を言うのはやめよう、昔より特に今
　　のほうが不幸だというわけじゃないんだから。

　高校・大学受験に失敗して息が詰まりそうな時期に、深呼吸
をしてゆっくり息を吐いてもいいのだという思いにさせてくれ
た台詞でした。取りあえず、食事はとっているし寝る場所もあ
る。毎日日が昇り、朝がくる。そんな当たり前の日常を肯定し
てみようと思ったのです。

　もう一つが、寺山修司の『海水と涙の比較研究』（青春作品
集6　愛さないの 愛せないの・新書館）という詩の一節です。

　　海を陸上の論理で解決しようとするのと
　　涙を愛の論理で語ろうとするのと
　　どっちに独断が多いか？

　　海は叙事詩で　涙が抒情詩だと考えるのは
　　あまりに経験的にすぎるのではないか？

　　海は死で　涙は復活である
　　──と言ってみよう

もともと海は悲しみの代償として

　涙は自然の現象として

　とらえるべきだったのだから

　　地球の涙

　　あなたの海

　「海は叙事詩で　涙が抒情詩だ」という考えが「あまりに経験的にすぎるのではないか？」と問いかけられ、僕の考え方がいかに経験に頼りすぎているのかに気付かされたのです。その経験こそが固定観念の始まりだからです。

　そして寺山は「地球の涙」「あなたの海」と、通常言われる涙と海の有り様を逆転させてみせました。

　「視点を変えることで、新たな地平が見えてくる」。二つの作品に触れて、僕はそんなことを考えるようになったのです。

女性専用車両に見るジェンダー意識の変化

　ジェンダー（社会的性差）についての考え方も、視点を変えると違う姿が見えてきます。

　2018年２月、東京の地下鉄で、女性専用車両に男性が乗り込み、遅延したというニュースがありました。

　女性専用車両に乗り込んだ男性側が「これは逆差別だ。一般の車両は混んでいるのに、ここはゆとりがあるじゃないか」という趣旨の発言をしました。一方、乗車していた女性からは「もともと男が痴漢をするからじゃないか」という反論があり、押し問答が繰り返されました。

ここで対比されているのは、女性と男性です。先にその違いを辞書の例を引いて紹介しました。しかし心が女性であっても、諸般の事情で男性の格好をせざるを得ない人は、女性専用車両には乗れないのです。

　これについて、朝日新聞夕刊6月6日付の「ことばのたまゆら」というコラムに、書いたことがあります。

　女性と男性という定義で枠をはめると、そこに収まりきれない人が出てきます。枠がつくり出した溝を埋めるのは、容易ではありません。だからどうすればいいのか、という提言まではできませんでした。

　2021年7月に女性専用車両は、将来「多目的車」などに名前を変えて、LGBTQに対応できるよう考えることも検討されているとの記事が産経新聞に載っていました。女性専用車両ができた当時は、LGBTQという意識が及んでいなかったのです。これも社会の変化によって、意識が変化し、ことばが変化することの証左でもあると思うのです。

　つまり、考え続けることが必要であり、そのための時間が必要なのです。これまでの経験値に頼り、固定観念に縛られていては、物事は前に進みません。

「障害者」表記の変更について

　「障害者」の「害」を「碍」に変えるべきだ、という意見があります。さらに、「碍」を常用漢字としてはどうか、ということも言われました。「障害者」という表記が、その人自身が害であると解釈されるため、適切ではないというのが主な理由

第9章　気をつけるべき表現　その考え方

です。ここには「障害はその人が抱えている内部に要因がある」という考えに基づいたもののようです。

　しかし「障碍」ということばは、仏教用語で「しょうげ」と読み、仏道の修行を妨げる「物の怪」という意味があります。これを使うことによって、かえって複雑な問題が生じるのではないか、と思うのです。

　障害は内部に要因があるのではなく、外部に要因があることをもう一度考えてみたいと思います。スウィフトの『ガリバー旅行記』のガリバーを例に考えます。小人国に行ったガリバーは、周囲があまりにも小さいために、そこでの生活は不便極まりないものとなります。ところが、大人国に行くと一転、今度はガリバーが小さすぎて、そこでの生活に支障が出るのです。

　ガリバー自身は何も変わっていません。周囲の生活環境が「しょうがい」をもたらしているのです。つまり外部の要因こそが「しょうがい」だという考え方です。そうであれば、生活環境をバリアフリーに近づけていけばいいという発想です。

　また「障害」を「障碍」に変えようとするのは、誰のためなのか、という根本的な疑問も出てきます。目が不自由な方には、表記が直接の問題にはなりません。「しょうがい」という音が不快で、差別をもたらす原因があるならば、表記をいくら変えても意味をなさないのです。

　さらに「障碍」を採用した場合、「胃腸障害」「意識障害」などの表記はどうするのでしょうか。「しょうがいしゃ」にのみ限定して「障碍」を使用すると、それが特別な表記として次なる問題が起こる可能性も出てきます。

「痴呆（症）」を「認知症」などとしたように、病名を変更した例があります。こうした名称変更は、とても大きな意義があると思います。同様に「障害者」ということばを「要支援者」と置き換えてはどうか、というのが僕の意見です。

　足を骨折すれば、松葉杖や車椅子のお世話になります。すると、これまですいすい歩けた歩道でさえ、放置自転車があったり、狭すぎたりという不便を感じます。難なく上れた階段も誰かに手助けしてもらわなくてはなりません。相互支援のなかでグレードを決めて、一定の支援が必要な方には年金も支給されるという対応は取れないものだろうか、と思うのです。

　すでに人生100年時代と言われています。こうした外部の要因は、生活するうえで等しく訪れるものです。特別であるという枠をはめるのではなく、枠を外して一般化していくことが「しょうがい」ということばに潜む問題の根をほぐす一助になると思うのです。

　これについては、2010年に内閣府の障がい者制度改革推進会議の「障害の表記に関する作業チーム」のヒアリングでも話し、『使える！ 用字用語辞典』（共著・三省堂）のコラムにも記しました。

個の存在を意識する

　「視点を変えて見る」ということは、個の存在を意識するということに他なりません。

　ジェンダーの扱いも、男女を対称的に扱うということだけを意味しません。そこには属人的な問題が大きく関わっているか

らです。男女という枠をはめた途端、その枠にはまらない人たちが出てきます。枠を定めるということは、そこに共通する集合を意味するので、個に目が向けられることが難しくなります。個の存在として語り、個の存在として尊重すれば、枠をつくる必要がありません。

多様性を、一人ひとり異なる個が集まって生まれるものだと考えれば、人種・民族・地域・性の指向・障害・年齢など、あらゆるものに個別に接することができるはずです。もちろん、それが簡単でないこともじゅうぶん承知しています。そこを考え続けることが、解決への糸口を見いだすことにもなります。

人は課題を解決しながら、今日まで歩んできました。マニュアルだけに頼らず、枠を外して個に向き合うことから始めていけばいいと思うのです。

「男まさり」「女だてら」「女々しい」「嫁にやる」「未亡人」「女房役」などのことばを発するときに、誰に向けて伝えるのか、

個をしっかりイメージすべきなのです。「男」「女」という枠に頼りすぎると、具体的な個のイメージがつくり出せません。一般論として逃げようという無意識の意識が働きます。

　女性アスリートや芸能人に対して、名字でなく「〇〇ちゃん」などとちゃん付けで書いたり、下の名を使ったりすることは、必ずしも親しみの表現にはなりません。個の尊厳を意識しなくてはならないのです。それがたとえ年下であろうとも、成し遂げたことに対する敬意があれば、こうした表現はできません。たとえ個人的に親しい間にあったとしても、第三者に伝える際には名前を紹介し、きちんとした敬称を付けるのがマナーです。

カタカナの抽象性

　2011年3月11日14時46分に発生した東日本大震災は、マグニチュード（M）9.0という日本観測史上最大規模の地震でした。最大震度7を記録し、これによる津波被害は福島第一原子力発電所にも大きなダメージを与え、メルトダウンを起こしました。いまだに完全復旧に至っていません。亡くなった方は1万5900人、行方不明の方は2523人に上っています（2023年3月1日現在）。

　海外メディアは、福島第一原発に残って対応に当たっていた職員約50人を「Fukushima50」と称しました。それを国内メディアが「フクシマ・フィフティー」と紹介しました。

　そして原発事故として、アメリカのスリーマイル島、ソ連（現ウクライナ）のチェルノブイリと並べて「フクシマ」というカタカナ表記が使われたのが、震災後5日ほどすぎたときでした。これにとても大きな違和感を持ちました。

　「フクシマ・フィフティー」は、翻訳としてのカタカナでした。

しかし、国内メディアで使われた「フクシマ」は、それとは意味が違います。

その後、メディアでは「フクシマ」というカタカナ表記が目立つようになりました。

漢字表記の地名をカタカナにした例は、それまで「オキナワ」「ヒロシマ」「ナガサキ」でした。ここに「フクシマ」が加わったということです。

カタカナになった共通項がよくわかりませんでした。確かに大変な災禍を経験したということはわかります。沖縄は戦後一時期、アメリカに占領され、いまでも住民を苦しめる基地の街として「オキナワ」という表記がシンボルにもなり得ます。原爆被害のあった、広島と長崎が世界に反原発をアピールするシンボルとしてカタカナ表記を使うことも、理解できます。

しかし福島については、カタカナが何のシンボルなのかが、わからなかったのです。得も言われぬ違和感が頭の隅にこびりついていました。「地震の危険性」についてではないか、という意見もありました。

関東大震災も阪神・淡路大震災も、熊本地震も大きな災害をもたらしました。しかし、カタカナ表記とはなっていません。

「原発事故の危険性」もある、という意見もありました。住民自らがそうした運動をして、世界に訴えるのであれば、理解できます。しかしまだ、余震の不安を払拭できず避難生活を余儀なくされている状況で、すぐにそうした運動が起こる余裕もありません。

すると、読者の方からも「福島」を「フクシマ」と表記する

ことへの戸惑いを綴る投書が届きました。やがて「フクシマ」が「放射能、風評被害、不買運動」という負のイメージを担うことにもなりました。当時、新聞社に勤めていた僕は、紙面では不用意にカタカナ表記を使うのはやめようと提案しました。

　僕は、日本新聞協会という業界団体の「新聞用語懇談会」という組織にも所属していました。当時年に2回、全国の新聞社の用語担当者が集まる会議がありました。そこで「フクシマ」の表記について、意見を聞きました。

　「フクシマ」が二度と起こってはならない原発の災禍としてのシンボルになり、世界の共通語になる、という意見もありました。一方で、福島の地元新聞社からは「読者からカタカナ表記はやめてほしい」という意見が多い、という話を聞きました。「うつくしま、ふくしま」という響きがぴったりの福島は、漢字かひらがな表記こそがふさわしい、という住民の願いだと言うのです。カタカナ表記への違和感は、何よりも住民の方が持っていたのです。

　カタカナは、対象を抽象化しシンボライズできます。その結果、そのことばに含まれる意味を際立たせる効果があります。オキナワ＝基地の街、ヒロシマ、ナガサキ＝原爆被害の街といった具合です。

　一方で、イメージを持つために、その実態がシンボライズされたもののなかに沈んでしまうのです。それぞれの地域には、カタカナでは表されない人々の暮らしがあります。そこで営まれている普通の生活までが、カタカナの意味に引きずられて歪

曲してしまう可能性があります。そこに偏見が生まれるのです。

「フクシマ」としたときに、それは地震の象徴なのか、津波なのか、原発事故なのか、あるいはそのすべてを含んだものなのか、人それぞれにイメージが異なるからです。その結果、そこに住んでいる方に対して、そのイメージを必要以上に負わせることにもなります。それが引き金となって、不必要な差別を受けることにもなります。原発事故について、企業は予期できなかった地震、津波の被害者として、「フクシマ」という象徴のなかの一事例とする可能性も含まれています。放射線被害や風評被害などが、原発事故の責任と同列に「フクシマ」で一括りにされるのではないか、という疑念を持ってしまうのです。

2011年9月に当時の経済産業相が、福島第一原発周辺の町村を「死の町」と表現したことが問題となりました。発言自体は、看過できるものではありません。ところが、これより前に新聞などには現地リポートのなかで「ゴーストタウン」という表現をしていたのです。直訳すれば「幽霊都市」。「死の町」と同義です。しかし「ゴーストタウン」というカタカナ表記については、どこからも批判や指摘はありませんでした。

「死の町」という発言を擁護するつもりは毛頭ありません。しかし、カタカナと漢字仮名交じりの表記では、こうも印象が異なるのです。日本語表記で表出した問題は、外来語を使ったカタカナ表記では埋もれていたことになります。

業界用語の使い方

次も震災を例にあげます。

福島第一原発の原子炉を冷却するため、格納容器を水で満た
す方法が検討されました。それを「水棺」と呼んだのです。チ
ェルノブイリ原発事故の際に原子炉をコンクリートで固めまし
た。それを「石棺」と言っていました。

　炉内を水で満たす様子をイメージしやすいためか、原発関係
者のなかで流通していたことばです。しかし、津波で多くの方
が犠牲になったことを考えると、「水棺」はいかにも配慮のな
いことばです。これも、編集局内で話をし「格納容器に水を充
填（じゅうてん）する」という表現に変えたのです。

　業界用語は、なかなか言い換えが難しい部分があります。し
かし、業界内の閉じたことばをいくら使っても、一般の読者に
は理解されません。

　さらに業界のなかで通常使われていたことばは、もともと公
にすることを前提としていないため、一つひとつ検証すること
はありません。何かのタイミングで外部の人たちに向けて使う
際にも、ことばをフィルターにかけることはありません。業界・
組織で通常使っていることばは、その人たちのなかでの「標準
語」だからです。

　しかし、そうした「標準語」を無造作に使うことによって、
傷つく人がいるのです。ことばを一つひとつ意識しながら使う
のは、とても大変な作業です。しかし、自らが所属している組
織に流通している「標準語」を、たまには見直すことも必要だ
と思うのです。

　ことばは有効な道具であると同時に、無慈悲な武器ともなる
からです。

誰に向けて発信するのか

　2019年５月、川崎市多摩区で通学中の小学生や、通行人を襲った殺傷事件が起こりました。その容疑者に対して、「（周囲を巻き込まずに）死ぬなら一人で死んでほしい」という発言が、テレビ番組で相次いだことがあります。殺傷事件の容疑者は無差別に襲いかかり、２人が死亡し、18人が負傷しました。容疑者は事件直後に自殺を図ったのです。

　同様の発言は、ネットでも見られました。突然の不幸を前にして、テレビ番組での発言は視聴者を代弁としたものと理解を示す意見がある一方で、この発言によって同様の事件を誘発する恐れもあるのではないか、という反論も出ました。

　この発言についての是非をここで述べるのが本書の狙いではありません。なぜ、こうした発言が出たのか、を考えたいと思うのです。

　こうした情報番組は、メインキャスター（MC）とゲストがやりとりをしながら、情報を身近な話題として提供するというスタイルを取っています。

　ゲストは専門家とともに、お笑い芸人やアイドルなどが務めます。さまざまな観点から情報をわかりやすく伝える手法は、ニュース番組とは異なるリアルが垣間見えます。

　ところが、一つ気になるところがあるのです。

　MCとゲストとの距離感です。茶飲み友達のような感覚が見え隠れすることがあるからです。同じ番組のなかで、出演者の仲がいいということは悪いことではありません。視聴者側も安心感があります。しかし、そこに危うさも見えるのです。

「死ぬなら一人で死んでほしい」という発言は、誰に向けたものなのだろうと思うのです。

　大学の講義でこれについて意見を聞いたところ、多くは「容疑者に対して」と答えました。しかし、この容疑者はすでにいません。存在しない容疑者に何を言っても、ことばは宙を漂うだけです。

　「視聴者に向けて」という意見もありました。自分の意見を視聴者に理解してもらうためだ、と言うのです。そうすると、不特定多数の視聴者のなかに、この事件の容疑者と同様の憤りを持っている人がいる可能性を考えなくてはなりません。それを聞いて、自暴自棄になり別の事件を誘発してしまうというリスクを持つことになります。

　もし容疑者が生きていたら、番組内で「死ぬなら一人で死んでほしい」という発言をしていないように思うのです。容疑者に面会して、このことばをぶつけることはしないでしょう。

　この発言は、仲間同士が飲み会などで、話題にしているように見えたのです。それは本来、プライベートの閉ざされた空間でのやりとりです。全国放送されることを前提としていません。

　ところが、MCとゲストのやりとりを見ていると、そこにテレビカメラがあることを忘れているように思えることがあります。プロの方ですから、テレビメディアが不特定多数に情報を流しているということは、理解しているはずです。しかし、長年の経験がその感覚を緩ませてしまったように見えました。

　テレビという開かれたメディアのなかで、MCとゲストが閉じられたコミュニケーションを展開したことに違和感が生じた

のです。

　お笑い芸人のゆりやんレトリィバァさんが、アメリカのオーディション番組「America's Got Talent」で見せた、審査員とのやりとりが絶賛されました。

　ゆりやんさんは、4人の審査員に対して話しかけます。閉じられたコミュニケーションと言えます。しかし、ゆりやんさんは、審査員のその奥に大勢の視聴者がいることを意識していました。ややきわどい内容も入れながらも、笑いに昇華できるよう計算していたのです。

　審査員に話しかけるという閉じられたコミュニケーションを、開かれたメディアにうまく載せたと言えます。

　取り上げた二つの番組を単純に比較することはできないと思います。しかし、キャスターの意見であれ芸人の芸であれ、発信するその先に必ず不特定多数の視聴者がいることを意識しなくてはなりません。不特定多数とは、そこに多様な人々が存在するということです。情報を伝えるときに、ほんのわずかでも「多様な人々」に思いをはせることができれば、無用な軋轢は少なくなります。

　ツイッターなどのSNSで問題が起きる場合も、企業が公式ツイッターなどで炎上を繰り返すのも、同様の構造として説明できます。

　不特定多数を意識したことばの扱いが、難しいからです。新聞・ラジオ・テレビというメディアには、情報を発信する際にゲートキーパーの役目を果たす部門があります。新聞で言えば

校閲という部署があります。ラジオ・テレビも審査部門を抱えています。ミスを極力減らす作業は、予防的危機管理として大きく機能します。

　企業は製品やサービスの製造物責任の体制を取っています。ところが、情報発信に対する責任部門を持たないところが多く、そのノウハウも持っていないのが現状です。ネット時代になって自ら情報を発信する時代になるまで、そうした専門家を必要としなかったからです。広報部門がそれに近いとはいっても、文章やことばに関する専門家を養成しているわけではありません。炎上した際に「社内論議はしたが、そこまで見通せなかった」というコメントが、こうした状況を如実に表しています。

　組織のなかで流通することばは、閉じられたコミュニケーションとして存在します。その組織内に存在する共通の文化のなかで、いくら論議しても向いている方向が同じなので、それを批判的に見る目を、養うことが極めて難しいからです。

　それは、組織という見方で動いているからです。同じ文化を持った組織が共通の言語で自らを批判的に見ることは、簡単ではありません。「個」を見る視点が薄れるからです。組織という枠組みが生み出す閉じられた価値観は、組織が「個」の集まりだという見方を阻みがちです。

　社会は集団です。しかし、そこに集うものは一人ひとり異なる「個」だということを、少し意識することで、集団のあり方も変わるはずです。

ことばを批判的に見るとか俯瞰して見る、と言うこと自体は簡単です。しかし、そのための訓練はたやすくありません。ましてや SNS などで発信するすべての人が、こうした考えを持つことは至難の業です。ことばに対して、こうした視点での教育がないからです。炎上上等とばかりにバズることばを、アップさせることすらあります。

　これからは「個として立つ」時代になると思っています。組織のなかにあっても、自らの意思をしっかり伝えていかなければならない時代です。世界に伍していくには「自らがメディアになってことばを紡いで意思を伝えなければならない」と考えています。
　気をつけるべき表現は、単にことばの言い換えではありません。伝える側の自分が個として立って、伝えるべき相手を個として尊重するということに他なりません。
　先に書いたことばを再度記します。

**　ことばは有効な道具であると同時に、**
**　無慈悲な武器ともなります。**

　ことばを有効な道具にし、ことばを味方につけるべく、努力を惜しまないようにしたいと思うのです。

参考文献

『新版 考える技術・書く技術 問題解決力を伸ばすピラミッド原則』（バーバラ・ミント 著、グロービス・マネジメント・インスティテュート 監修、山﨑康司 訳／ダイヤモンド社）

『助詞・助動詞の辞典』（森田良行 著／東京堂出版）

『増補改訂 現代ジャーナリズム入門』（扇谷正造 著／角川文庫）

『象は鼻が長い』（三上章 著／くろしお出版）

『ゾウの鼻が長いわけ キプリングのなぜなぜ話』（ラドヤード・キプリング 作、藤松玲子 訳／岩波少年文庫）

『日本語に主語はいらない 百年の誤謬を正す』（金谷武洋 著／講談社選書メチエ）

『日本語ライブラリー 文章と文体』（沖森卓也・山本真吾 編著、揚妻祐樹・木村義之・小林明子・小林肇・森雄一・渡邊ゆかり 著／朝倉書店）

『「文」とは何か 愉しい日本語文法のはなし』（橋本陽介 著／光文社新書）

『物語を書く人のための推敲入門』（ラリー・ブルックス 著、大久保ゆう 訳／フィルムアート社）

『メディア論 人間の拡張の諸相』（M.マクルーハン 著、栗原裕・河本仲聖 共訳／みすず書房）

『メディア研究とジャーナリズム21世紀の課題』（津金澤聡廣・武市英雄・渡辺武達 責任編集／ミネルヴァ書房）

『トニー谷、ざんす』（村松友視 著／毎日新聞社）

『海水と涙の比較研究』（寺山修司 著／青春作品集６『愛さないの 愛せないの』から／新書館）

『ゴドーを待ちながら』（サミュエル・ベケット 著／『ベケット戯曲全集1』から／白水社）

『てにをは辞典』（小内一 編／三省堂）

『日本国語大辞典』（『ジャパンナレッジ』ネットアドバンス）

『日本大百科全書』（『ジャパンナレッジ』ネットアドバンス）

『広辞苑 第七版』（新村出 編／岩波書店）

『三省堂国語辞典 第八版』（見坊豪紀・市川孝・飛田良文・山崎誠・飯間浩明・塩田雄大 編／三省堂）

『マジ文章書けないんだけど』（前田安正 著／大和書房）

『きっちり！恥ずかしくない！文章が書ける』（前田安正 著／すばる舎・朝日文庫）

『しっかり！まとまった！文章を書く』（前田安正 著／すばる舎・三笠書房王様文庫）

第8章は『Journalism』2019年９〜11月号「記者講座 ブランドを支える校閲の生態 上・中・下」（前田安正 著／朝日新聞社）を改編

おわりに

「文章を直す」。言うのは簡単だけれど、かなりハードルの高い作業です。自分の文章を直すことが、まずできません。一文字一文字に思いがこもっているからです。自分の文章が削れれば筆者として一人前。とはいえ、削るのはまさに血の滲む作業です。

人の文章を預かってそれを直すのは、胃の痛む思いがします。書いた人の思いを壊すことなく、よりよい文章にするなんて、至難の業だからです。

何しろ、文章には正解がありません。いい文章の定義も人それぞれです。だから、文章を直す前に書き手とのコミュニケーションが重要でもあるのです。何を書きたいのか、どういう思いを伝えたいのか、そこがわからないと文章を直すことができません。もしかしたら、面白いエピソードを書き手が見落としている場合があるかもしれません。そこを引き出して言語化するのは、時間も手間もかかります。

PTAなどの会報や報告書、広報文、企画書、稟議書をどう書けばいいのか、何を根拠にどう直せばいいのか、明確なノウハウを持っている人は少ないはずです。

文章を直されると人格を否定されたように感じます。そんな心理的な抵抗のなかで、文章を直す根拠が曖昧だと不信感を招きます。これは、直す側にとっても直される側にとっても、不幸です。少しでもそうした状況から脱することができれば、と思うのです。

せめて、文章を簡潔にする方法を理解できれば、書き手も修正案に理解を示すことができるはずです。

僕は新聞社に39年在籍していました。校閲という職場で毎週コラムを書く機会に恵まれることは、まずありません。書き続けていくうちに、僕自身が気をつけていたポイントがいくつかありました。いま、文章コンサルタントという仕事をしています。預かった文章を読み込んで、何が書きたいのかを考え、文章を読みやすく整えていくのです。ここでも、僕が気をつけていたポイントを意識して伝えています。こうした経験をもとに、本書を書きました。

　2019年8月に東京堂出版編集部の上田京子さんから、文章を直すというテーマで書いてもらえないか、という話を頂戴しました。ちょうど、そういう本を書きたいと思っていたところだったので、とても嬉しいお話でした。

　2020年11月に会社を辞め、ほぼ一日中、机でパソコンを開き、原稿を書いていくのですが、なかなか進みませんでした。あっという間に一日が過ぎていきます。新型コロナの影響なのか、メリハリのない生活が心を浮き立たせないのです。このおわりにを書くまで3年もかかってしまいました。その間、上田さんには、目標とする締め切りをお伝えするのですが、何度もずれ込んでご迷惑をおかけしました。それでも辛抱強くお待ちいただいたことに、この場を借りてお詫びとお礼を申し上げます。

　文章を直すのは難しい。だからこそ本書が、文章を書き、編集し、校閲するすべての方に役立つものであるように、と願っております。

　2023年夏
　　　　　人々が心安らかに生活できる世界を願いつつ

語句索引

●文章を直すためのキーワードを五十音順で示した。

著者略歴

前田安正（まえだ・やすまさ）

未來交創株式会社代表取締役／文筆家・文章コンサルタント
朝日新聞元校閲センター長・元用語幹事。早稲田大学卒業、事業構想大学院大学修了。
朝日新聞社入社。校閲センター長などを務める傍ら、ことばや漢字に関するコラム・エッセイを十数年執筆。日本語・文章作法などの著書は、10万部突破の『マジ文章書けないんだけど』（大和書房）をはじめ、累計約30万部。
2019年2月に文章コンサルティング会社、未來交創を設立。「情報としてのことばを伝える」をテーマに、企業・自治体で広報文の研修・文章コンサルティングなどを展開。大学のキャリアセミナーにも出講。テレビ・ラジオ・雑誌などのメディアにも数多く登場している。また文章コンサルティング養成講座「マジ文アカデミー」を開催している。

●文章コンサルティング養成講座「マジ文アカデミー」
　https://76auto.biz/majibun_academy/registp/majibun.htm

●メルマガまぐまぐ！
　https://www.mag2.com/m/0001694551?reg=mag2news&trflg=1

●仕事のお問合せなどはHP（https://kotoba-design.jp）からお願いします。

注意ワード・ポイントを押さえれば
文章は簡単に直せる!!
執筆・推敲・リライト・校閲……これ1冊で解決

2023年8月10日　初版印刷
2023年8月20日　初版発行

著　者	前田安正
発行者	金田　功
発行所	**株式会社 東京堂出版**
	〒101-0051　東京都千代田区神田神保町1-17
	電話（03）3233-3741
	http://www.tokyodoshuppan.com/
DTP	有限会社一企画
印刷・製本	中央精版印刷株式会社
ブックデザイン	志岐デザイン事務所 黒田陽子
イラスト	茂苅　恵

感情表現新辞典

中村明 著

●近現代作家の作品から、心理を描く二二五〇のキーワードに分類した用例四六〇〇を収録。自分の気持ちにピッタリ合う表現が見つかる。

四六判七五二頁　本体四五〇〇円

類語分類 感覚表現辞典

中村明 著

●優れた表現にたくさん触れられるよう、文学作品から採集した作家の名表現を感覚別に分類配列。文章表現に役立つポイント解説付。

四六判四〇六頁　本体三六〇〇円

あいまい・ぼんやり語辞典

森山卓郎 著

●「ある意味」「大体およそ」「ちょっと」など普段なにげなく使う要注意なことばは一〇〇語を収録。誤解なく、スッキリ伝えるポイントを紹介。

四六判二三八頁　本体二二〇〇円

センスをみがく 文章上達事典 新装版

中村明 著

●文章を書く基本的な作法から効果を高める表現技術まで、魅力ある文章を書くヒント、実際に役立つ文章作法の五七のエッセンスを凝縮。

四六判三〇四頁　本体一八〇〇円

文章表現のための 辞典活用法

中村明 著

●文章の発想、アイディア、意味・語感によることば選び、漢字の使い分けなど、文章の内容をゆたかに、表現力を高めるための辞典活用法。

四六判二七〇頁　本体一八〇〇円

日本語文法がわかる事典 新装版

林巨樹・池上秋彦・安藤千鶴子 編

●国語力を伸ばすために!!　すべての学習、文章力・判断力・読解力に関係する「ことば」のルールを身につけるための厳選二七〇項目を解説。

Ａ5判三二〇頁　本体二六〇〇円

音の表現辞典

中村明 著

●文学作品から、声や音を表す感覚的にピンとくる象徴的な表現、動作・状態・心情などの感じを音で感覚的・象徴的に伝える表現などを紹介。

四六判三一二頁　本体二五〇〇円

「言いたいこと」から引ける 大和ことば辞典

西谷裕子 編

●「たおやか」「ほろよい」など、日本人ならではのことば「和語」を意味別に分類配列。用例、語源、語義、言い換えなどを紹介・解説。

四六判三五二頁　本体二二〇〇円

「言いたいこと」から引ける 敬語辞典

西谷裕子 編

●普段使う「食べる」「協力する」「読む」「教える」などの言葉から引けて、正しい敬語が身に付く一冊。迷った時にすぐ確認できる。

四六判二六〇頁　本体一八〇〇円

「言いたいこと」から引ける 慣用句・ことわざ・四字熟語辞典 新装版

西谷裕子 編

●文章作成・スピーチ・手紙など、ひとこと添えたい時に、伝えたい内容・意味から的確な表現にたどりつける。

四六判四四八頁　本体二四〇〇円

（定価は本体＋税となります）

日本語文章チェック事典

石黒 圭 編著
本体 1,800円　四六判　384頁

**◉手紙、メール、LINEからレポート、ビジネス文章まで
幅広く使える、文章の書き方・直し方事典!!**

本書の特徴
❶セルフチェック：執筆時の確認、執筆後の推敲など、自分で表現の修正が可能
❷改善例を明示：実際に悩みがちな例をbefore⇒afterで明快に提示
❸多ジャンル対応：多様な書き手のニーズに応えるため、多様なジャンル対応
　論文・レポート、ビジネス文書、ビジネスメール、ブログ・エッセー、SNS・
　LINE・チャットのジャンルラベル
　わかりやすさ、見やすさ、つかみ、正確さ、共感、論理、丁寧さ、親しみやすさの
　目的ラベル付き
❹主要項目を網羅：表記、語彙、文体、文法、文章、修辞
　文章の執筆に必要な内容を網羅!!
❺高い専門性：日本語研究各分野の専門家が専門知識を生かしてやさしく解説